MW01634008

Cómo explicar
física cuántica
con un gato zombi

**Cientíﬁcos
sobre ruedas**

ALFAGUARA

Papel certificado por el Forest Stewardship Council®

Primera edición: noviembre de 2016
Decimocuarta reimpresión: junio de 2024

Printed in Spain – Impreso en España

ISBN: 978-84-204-8462-4
Depósito legal: B-19.687-2016

Impreso en Limpergraf
Barberà del Vallès (Barcelona)

AL 8 4 6 2 C

Cómo explicar

física cuántica

con un gato zombi

Helena González Burón
Javier Santaolalla Camino
Oriol Marimon Garrido
Pablo Barrecheguren Manero
Xavier Luri Carrascoso
Irene Puerto Giménez
Eduardo Saenz de Cabezón Irigarai

Introducción

—Me meo, me meo, me meo...

Ada no paraba de mirar por la ventanilla del coche. No veía el momento de llegar, su vejiga iba a explotar. Había intentado todas las posturas, y ahora le había entrado el baile de san Vito.

—Tranquila, Ada —le contestó su madre, que estaba conduciendo el coche—. **Ya casi estamos.**

Aparcaron el coche en Montornés, enfrente de una casita de dos pisos. Ada le dio un beso a su madre, salió del coche a la velocidad de la luz y ni se fijó en que su tía Saturnina la esperaba con los brazos abiertos de par en par en la entrada. Es que se meaba mucho.

Pese a lo poco poético que pueda parecer este reencuentro entre Ada y su tía, para Ada pasar un mes de verano en casa de la tía Saturnina tenía bastantes cosas buenas: poder ir todos los días a la piscina que está a un par de calles de la casa, petarla a muerte en el Skatepark con algunas de las bicis que había en el garaje, leer en el jardín trasero en una tumbona al sol y reencontrarse con su primo Max. Max era más calmado que Ada, pero para él las vacaciones anuales en casa de tía Saturnina también tenían cosas chulas: las galletas que su tía hacía para merendar, hartarse de jugar al ordenador portátil que traía y pasar unas semanas con Ada. Ada salió del baño entonando un tremendo **«ufff, ¡qué gusto!»** y vio que Max estaba medio adormilado en el sofá del comedor.

—¡Tontaina, que ya he llegado! —dijo Ada mientras soltaba la mochila en una esquina. Sí, había ido al baño con la mochila puesta. Cuando la necesidad aprieta no hay tiempo para acciones colaterales.

—Hala, ¡se acabó la tranquilidad en esta casa! —contestó Max mientras Ada le arreaba un besazo fortísimo en toda la mejilla.

En general, los días de vacaciones pasaban rápidamente y, antes de que se dieran cuenta, sus padres aparecían en casa de la tía Saturnina para llevarlos de vuelta. Pero, mira tú, ahora mismo no tenían absolutamente nada que hacer y hacía tanto calor a la hora de comer que era imposible salir fuera. Al menos para ellos. Saturnina era inmune al calor y había salido a por el pan.

—**Jo, Max, esto es un rollo...** —comentó Ada cambiando de canal.

Max asintió mientras ojeaba un cómic muy viejo y pasado. Unos minutos después se escuchó un ruido de llaves y la tía Saturnina entró en casa.

—**¡Chicos, ya he vuelto!** Perdonad por el retraso —gritó mientras iba directamente hacia la cocina—. Vamos, ¿quién va poniendo la mesa mientras acabo de preparar la comida? —Max y Ada se miraron de reojo sin llegar a levantarse—. Para quien me ayude, he hecho galletas de postre...

Max y Ada se miraron de nuevo antes de salir disparados hacia la cocina. Ada llegó la primera por poco, pero se paró en seco al ver una gata negra, sucia y despeinada,

con una cicatriz sobre el ojo derecho y un *bocao* en la oreja izquierda, bebiendo un poco de leche de un platito en el suelo. Era, probablemente, la gata más callejera y macarra del mundo.

—**Tía, ¿qué es eso?** —preguntó Ada señalando al animal. Saturnina desvió un momento la mirada de los fogones.

—**Pues una gata, ¿qué va a ser si no? ¿A que es una ricura?**

A Max y Ada el animal les recordó la idea que tenía su tía sobre lo que es una ricura: la primera mascota que tuvo fue Moqueta, un perro peludo y feo que vivía en la casa cuando ellos eran pequeños, y luego vino Bolita, un hurón medio calvo y muy gordo, con una mala leche que no había quien se acercara. Vivió en el salón colonizando el mejor sofá hasta hacía un par de años.

—Me la he encontrado abandonada entre unos cubos de basura cerca de la casa de los Fernández, que por cierto me he cruzado con su hijo Marcos y no veáis cómo lleva el pelo, se ha hecho una cresta punk de un palmo..., con lo repeinado que iba de chico. Y cuando esta gata me ha mirado con esa carita, pues he tenido que traérmela.

—Será una buena gata, pero está muy sucia.

—Y es bastante fea...

—**¿Fea? ¿Sucia?** Os tendrías que haber visto a vosotros de pequeños. Esta pobrecita lo único que necesita es un hogar y algo de cariño, ¿verdad que sí, ricura?

La gata, que bebía plácidamente, se giró hacia Saturnina y le devolvió el cariño vomitando una bola de pelo. Luego continuó bebiendo. Plácidamente.

—**Creo que la voy a llamar Mórtimer.** ¿Verdad que te gusta ese nombre, bonita? ¿Verdad que sí? —le dijo la tía Saturnina a Mórtimer, sin dejar de cocinar.

Tras la comida, la tía Saturnina les dio las últimas indicaciones antes de marcharse unos días a visitar a su amiga Juliana, que se había lesionado el tobillo haciendo barranquismo. Ya hacía unos años que, cada verano, una u otra amiga de la tía Saturnina se lesionaba un tobillo, una rodilla o el coxis... Max y Ada sospechaban que todo era una estratagema de su tía para reunirse unos días con sus amigotas jubiladas en Benidorm.

A los chicos no les importaba. Según los cálculos de Ada, les dejaba comida suficiente para alimentarlos durante dos o tres apocalipsis, más o menos.

—Además —dijo Saturnina—, le he pedido a Sigma que se pase de vez en cuando a echaros un ojo y le he dado una copia de la llave de casa por si os pasara cualquier cosa.

—**¿Sigma, cuidándonos?** —Max alzó una ceja intrigado.

La tía Saturnina reflexionó un momento mientras recordaba lo que le ocurrió a sus plantas la última vez que le pidió a Sigma que las cuidara: las hortensias se secaron, los geranios estaban encharcados y, por algún motivo, la mitad de los gladiolos habían sido trasplantados al otro extremo del jardín. Sigma era un joven científico que vivía en la casa de enfrente de la de Saturnina. La ciencia se le daría muy bien, pero lo que es la jardinería...

—Bueno, mejor cuidáis vosotros de Sigma. Hay aguacates de sobra, que ya sabéis que le encantan. **¡Y no os olvidéis de Mórtimer! Cuidádmela bien, ¿eh?** Por cierto, ¿dónde está? Bueno, luego me despediré de ella.

Al anochecer, una vieja furgoneta hizo sonar el claxon y dos señoras mayores se asomaron desde las ventanillas, saludando animadas. Si juntabas la edad de las dos, llegabas al origen del universo. Tía Saturnina bajó apresuradamente las escaleras con las maletas y se despidió de sus sobrinos con una sonora ráfaga de besos para cada uno. En cambio, con Mórtimer, se tiró diez minutos dándole mimos: que si **¡ay, mi cosita!**, que si **¡ay, mi cuchirriminihina!**, que si **¿quién te quiere a ti?**... Ada sentía lo siguiente a la vergüenza ajena.

Cuando las abuelas por fin se fueron, derrapando y con Rock FM a todo trapo, Max y Ada las siguieron con la mirada desde la entrada de la casa hasta perderlas de vista.

De repente, Ada vio algo extraño en el firmamento: una banda verdosa de polvo de estrellas serpenteaba en el cielo mientras iba ganando brillo e intensidad. Ada flipó en colorines, claro.

—**Max... ¡Max! ¡Mira!**

Max dio un respingo, sobresaltado, y la miró confundido. Ada levantó con fuerza el brazo señalando al cielo.

—**Ostras...** —dijo Max, mirando las luces con preocupación. La banda de luces iba cambiando de colores: del verde al rosa, del rosa al rojo, al violeta, al amarillo... Y mientras un extremo crecía por todo el firmamento, la otra punta parecía salir de la calle donde vivía Sigma.

—**Hala... ¡Parece como una aurora boreal de esas!** —dijo Max, mirando embobado las luces.

—¿En esta latitud? ¿En esta época del año? ¿A esta hora? ¿De color rosa? **¡Imposible!**

Ojo al dato friki 

Las auroras boreales son luminiscencias que se presentan en los cielos nocturnos. Son muy frecuentes cerca de los polos de la Tierra. Además, se llaman de maneras distintas dependiendo del hemisferio en el que aparecen: aurora boreal en el norte y aurora austral en el sur.

¿Y por qué el cielo se ilumina? Es debido a que en el Sol a veces ocurren gigantescas explosiones que lanzan enormes cantidades de material al espacio.

Se trata de partículas con carga eléctrica que llegan hasta la Tierra e interaccionan con su campo magnético. **¿Lo qué?** Verás, la Tierra es un imán gigantesco (por eso las brújulas funcionan) y las partículas cargadas interaccionan con los imanes. Las partículas cargadas que vienen del Sol son guiadas por el imán terrestre hacia los polos, por donde entran a la atmósfera a toda velocidad, chocando con las moléculas de aire. Estas reciben mucha energía, pero como las moléculas son vagas y prefieren tener poca energía, emiten este exceso de energía en forma de luz: **¡las auroras! ¿Cómo se te queda el cuerpo?**

Ada y Max atravesaron la casa y salieron a la calle trasera, donde todas las personas que paseaban a esas horas se habían parado mirando hacia la casa de Sigma. Uno de los extremos de la banda luminosa brotaba directamente de ella, y por las ventanas salían luces de todos los colores, como si hubiera una discoteca dentro.

—¿Qué estará haciendo? ¡Menudo follón está montando! —dijo Max, preocupado.

Ada estaba ensimismada con la «aurora boreal arcoíris», que cada vez brillaba con más fuerza. Las luces de la casa empezaron a parpadear cambiando rápidamente de color hasta que de repente se oyó un **¡PUUUMMM!** Y todas las luces de la casa se apagaron de golpe, junto con la aurora.

A los pocos segundos, salió Sigma por la puerta de la casa, tosiendo por el humo. Cualquiera imaginaría que un ser humano, después de verse inmerso en semejante acontecimiento explosivo, aparecería hecho una piltrafa. Pero Sigma era especial, un científico fuera de lo común, no solo en lo inteligente, sino también en lo estético. Apareció de entre el humo con su tupé perfectamente peinado, su bata blanca impoluta, su camiseta a la última moda... Un auténtico *super fashion victim*.

—**¡Sigma!** —exclamaron los dos chicos, corriendo a ayudarlo.

Lo llevaron a la cocina de la tía Saturnina porque, aunque el tupé ni se le había movido, Sigma parecía estar bastante aturdido. Max le pasó un vaso de agua.

—**Agua...** —dijo Sigma, farfullando para sí—. Molécula compuesta por dos átomos de hidrógeno y uno de oxígeno. Oxígeno, cuyo número atómico es el ocho y que utilizamos para respirar en su forma de molécula de oxígeno, que supone un...

Ada cogió el vaso y lo tiró a la cara de Sigma, que parpadeó y pareció reaccionar.

—**¡Oh! Hola, Ada, gracias** —dijo, cogiendo el vaso—. ¡Oh, hola, Max! ¿Me puedes traer un espejo, por favor? Se me ha mojado el pelazo este que tengo...

—Sigma, ¿qué estabas haciendo en tu casa? —dijo Max, sin hacerle ni caso.

Mórtimer entró en la cocina, un poco chamuscada, y tomó a pequeños lengüetazos un poco de agua del bebedero. Al verla, Sigma reaccionó:

—**¡Mi experimento!** —dijo, incorporándose de golpe—. **¡Mi laboratorio!** Esta gatita bonita se ha colado en mi área de trabajo y ha pulsado el botón de accionar antes de lo que tocaba. **¡Gatita mala!** Ay, pero qué ricura de gata... No puedo enfadarme contigo. Aunque hayas detonado el experimento cuando la potencia del núcleo principal superaba con creces la potencia permitida...

—**Sigma, ¿pero qué experimento estabas haciendo?** —insistió Ada.

Sigma cogió a la gata en brazos y comenzó a acariciarle el lomo.

—Quería conseguir tener una partícula en dos estados cuánticos, aunque, claro, tenía que haber previsto que los postulados de física cuántica no permitían...

—**¿Física qué?** —preguntaron al unísono Max y Ada.

—**Física cuántica**, la rama de la física que estudia los fenómenos a escalas atómicas, donde las leyes de la mecánica clásica dejan de cumplirse. La física cuántica explica fenómenos que no pueden ser explicados por la física de toda la vida, la de Newton. Y está ahí, controlando todo el mundo diminuto...

Warning cuántico: 

Cuando nos vamos a escalas muy pequeñas, las cosas no se comportan siguiendo las leyes de la física que nos enseñan en el cole. Esa, la del cole, se llama física clásica o newtoniana, y con ella puedes calcular cómo poner un cohete en órbita o cómo construir un puente.

Pero en el mundo microscópico las cosas funcionan de otra manera. Cuando pasamos al mundo subatómico (¡que eso es mucho más pequeño que una pulga, mucho más diminuto que una bacteria!), las **flipantes leyes de la física cuántica** se ponen de manifiesto. **¡Y no veas cómo molan los resultados!**

Sigma dio un respingo y de repente pareció más centrado.

—Max, Ada... Una duda, ¿no habréis visto recientemente alguna lucecilla diminuta, pequeñita, casi imperceptible, saliendo de mi casa?

—**¿Una lucecilla diminuta?** —se escandalizó Max—. ¡Sigma, hemos visto unas pedazo de luces! ¡Si toda tu casa estaba encendida, y había un chorrazo de luz en el cielo! **¡Parecía una aurora boreal!**

—¿En esta latitud? ¿En esta época del año? ¿A esta hora? —se extrañó Sigma.

—**¡Molaba un montón! ¡¿Tiene este experimen~ to que ver con la física cuántica esa?!** —preguntó Ada.

—¡Por Hedy Lamarr y la invención del control teledirigido! La factura de la luz va a ser abismal —exclamó Sigma palideciendo—. **¡Y esa explosión ha pillado a Mórtimer dentro del laboratorio!** Creo... Creo que me estoy mareando un poquillo... ¿Me acompañáis a casa, chicos?

Sigma dejó a Mórtimer en el suelo y le dio un besito en su cabeza gatuna chamuscada. La gata maulló y trató de seguirlos hasta que, cerrándole la puerta para que no escapase, Max le dijo:

—**¡No, Mórtimer!** Tú quédate aquí, que ahora venimos, ¿vale? Madre mía, esta gata huele a barbacoa...

Dentro del salón de Sigma, Ada y Max se sorprendieron ante la cantidad de libros de ciencia que había en las estanterías.

—**¡Uala, Sigma, esto parece Alejandría!** ¿Son todos tuyos? —preguntó Ada.

Sigma asintió mientras Max le ayudaba a sentarse en el sofá. Había libros de todas las ciencias, desde la física o la química hasta las matemáticas o la biología, ingeniería, historia, ciencias sociales... La lista era infinita. Algunos tenían portadas vistosas y estaban llenos de imágenes coloridas, mientras que otros eran muy viejos y estaban llenos de anotaciones en los márgenes.

—Oye, Sigma, **¿podrías dejarnos alguno para que lo leamos?** —preguntó Ada con un libro, *Introducción a la física cuántica,* en las manos.

Sigma asintió con los ojos entrecerrados.

—Sí, claro, siempre y cuando los tratéis con cuidado y... y si hay algo que no entendáis, me podéis preguntar. Me los he leído todos y... oh, hola, gatita —dijo, sonriéndole a Mórtimer, que maullaba desde la entrada del salón.

—**¡Mórtimer! ¿Cómo has entrado aquí?** —se sorprendió Max. La gata lo miraba con sus ojos ojerosos y maullaba mientras se encogía de hombros—. **¡Pero si había dejado cerrada la puerta de casa!**

—Oye, Max... —susurró Ada—, ¿y no le habrá pasado algo raro a Mórtimer con esa explosión de luz cuántica o como se diga? **¿No habrá adquirido poderes?** A ver si va a poder atravesar puertas cerradas. No será la primera vez que una explosión da lugar a un superhéroe...

—Ya, pero Mórtimer no tiene el glamur de Clark Kent. Se habrá escapado por alguna ventana o algo, los gatos hacen esas cosas —dijo Max. A su espalda, se escucharon los ronquidos de Sigma, que se había quedado completamente frito en el sofá.

MAX: ¿Qué libros has cogido?

ADA: Unos de física cuántica. ¡Es como un mundo fantasmal! Está ahí, pero no lo podemos ver. Y que Mórtimer sea la superviviente de un experimento cuántico fallido... Yo qué sé, Max, la podría haber dejado tonta. O medio muerta. ¡O zombi!

MAX: Pero si no tienes ni idea de lo que ha pasado.

ADA: Ya, pero podemos aprender, ¿no? Mírala ahí, lamiéndose las patas tan tranquila. Nos oculta algo, Max. Nos oculta algo.

MAX: Yo flipo contigo. ¿De verdad te vas a poner a leer esas cosas de cuántica? ¡Pero si a Mórtimer no le pasa nada! Se le han churruscado un poco los pelillos, pero por lo demás sigue igual de fea.

ADA: Venga, Max, si te mueres de ganas... Los retos científicos te encantan, que lo sé yo. ¡Y aquí hay todo un mundo por descubrir! ¡Un mundo pequeñito y muy loco!

MAX: Veeeenga, vale, nos haremos expertos en física cuántica. Hay gente que hace cosas peores en verano, ¿no? **Fácil, fácil.**

Capítulo 1:
FÍSICA CUÁNTICA: DUALIDAD ONDA~PARTÍCULA

—¡Jolín! ¡Otra vez me hago pis! Odio levantarme en medio de la noche por eso —murmuró Ada mientras se arrastraba fuera de la cama y se iba al baño a vaciar. Se acordó de la nueva inquilina, Mórtimer, y miró debajo de la cama para descubrir que la gata ya no seguía donde la había dejado la noche anterior. **OMG!** Tenía que encontrarla. ¡No podían perderla!

Cuando salió de la habitación, con el pelo de punta y su pijama de constelaciones, descubrió que Max llevaba ya más de una hora buscando a Mórtimer.

—¡La gata me ha despertado! Se ha colado en mi habitación y ha empezado a lamerme la cara, y eso que no me pongo la crema antiarrugas de canela de Sigma —dijo Max, susurrando—. Luego ha salido pitando y ni rastro de ella. He buscado en todas partes: en cada armario de la casa, debajo de las camas, en los cajones y las cajas de zapatos, que a los gatos les gustan mucho las cajas... Solo quedaba un sitio por mirar. Los dos sabían cuál era, pero callaban, porque, aunque ninguno lo reconocería jamás, los dos se morían de miedo al entrar ahí. Era la cochera, un garaje pegado a la casa y reconvertido en trastero. Estaba lleno de cosas raras, además de polvo, telarañas y ruidos extraños y, lo peor de todo, no tenía una sola ventana por donde entrara ni un rayito de luz.

—Max, creo que ya sé dónde puede estar Mórtimer —dijo Ada finalmente, tragando saliva. A Ada le encantaban los libros de detectives y siempre había querido resolver casos de robos, desapariciones y abducciones usando su inteligencia. Esta era una buena oportunidad para hacerlo. Para darse ánimos, puso voz de inspectora de policía:

—Sígueme, y coge la linterna.

Dio media vuelta y fue hacia la puerta. Max la agarró por el brazo.

—Ada... Yo, yo... yo... yo creo... creo que por aquí tiene que es... es... estar. Miremos nuevammmm... nuevamente.

—Max, no seas gallina, o *gallus gallus domesticus*, que suena más a Harry Potter. ¿No tendrás...?

—¿Miedo? No... no... ¡Pues mira, sí! Ada, no me dejes aquí solo. Vamos juntos.

Los dos chicos se cogieron de la mano y salieron de la casa. La puerta de la cochera era tan vieja que para abrirla Ada tuvo que pegarle una patada. No se veía nada, y además se levantó tanto polvo que se tuvieron que tapar la nariz. Estuvieron unos segundos bloqueados en la entrada, sin soltarse la mano, hasta que Ada empezó a sentirse tonta.

—Suelta, Max, y vamos a por la maldita gata. Dale a la linterna.

Max era incapaz de dejar de temblar. La luz no le hizo sentir más seguro, porque eso parecía cada vez más una película de terror: una gata desaparecida, muebles viejos, maletas roídas... En cualquier momento saldrían los zombis o un muñeco maldito, estaba claro.

—¿No te huele a animal este sitio, Max? ¡Max, aquí huele a perro! —Este descubrimiento dio nueva vida a Ada, que empezó a moverse como una serpiente entre cajas y muebles, con energía—. ¡Ajá! Pelos, he encontrado pelos. Max, míralos, fíjate bien... porque... no son de gato, ¡son de perro! ¡FLIPA!

Max, que seguía en la puerta y no olía nada porque el polvo siempre le taponaba la nariz, se encogió de hombros, algo contagiado del entusiasmo de Ada.

—Sí, son largos, pero para asegurarnos de que son de perro habría que mirarlos bien en el microscop...

—No hay tiempo de andar con esas cosas, Max. Hazme caso, que mi instinto no falla. Aquí lo que tenemos no es una gata, es una perra.

—Pero, Ada, ayer Mórtimer era una gata, ¡una gata fea con unas uñas afiladísimas! Mira cómo me dejó el brazo...

—¿Y si en realidad fuera una gata... y a la vez una perra? He leído algo parecido sobre los electrones en el libro de Sigma...

—Los gatos no pueden ser dos cosas a la vez. O son gatos o son perros.

—¡Pero los gatos están formados por electrones! Además de protones y neutrones... ¡Y los electrones pueden ser dos cosas a la vez! ¡Onda y partícula!

—Sí, algo de eso sé, pero...

—¡Max! —A Ada le brillaban los ojos de la emoción—. ¡Igual estamos ante una gata cuántica!

Ojo al dato friki

A esta propiedad de poder aparecer como dos cosas a la vez se la llama dualidad. Fue de los primeros aspectos de la mecánica cuántica que se descubrieron, y es algo que todavía no se entiende demasiado bien.

Mientras se termina de desvelar este misterio sobre la dualidad, ya te podemos avanzar una cosa: puede que haya elementos cuánticos que sean dos cosas totalmente distintas a la vez. Pero un gato no..., para un gato es imposible. Menos para Doraemon, para él no hay imposibles.

Pero antes de meternos de lleno en elementos duales, hay que saber más sobre las partículas y sobre las ondas. ¿Vosotros qué preferís?

¿ONDA O PARTÍCULA?

MAX: Yo prefiero las partículas, que son mucho más definidas.

ADA: Pues yo prefiero las ondas. ¡ON-DAS! ¡ON-DAS! ¡ON-DAS!

Y tú que nos estás leyendo, ¿de qué lado estás?
ELIGE TU BANDO.

Sección 1. PARTÍCULAS

Una partícula es como una pelotita infinitamente pequeña, mínima y redonda. Las partículas se mueven y chocan como bolas de billar.

¡Experimento Low Cost!

¿Cuántas veces puedes partir un folio de papel por la mitad? Toma una hoja de papel, dóblala por la mitad y pártela. Ahora toma una de las mitades del papel y dóblala por la mitad. Pártela. ¿Otra vez? Sí, otra vez. Desecha una de las mitades y toma la otra. Tienes un cuarto de papel. Toma ese cuarto de papel y... ¿adivina qué? Pues sí, dóblalo una vez más y pártelo. El reto es partir tu folio por la mitad el mayor número de veces que puedas.

¿Cuántas veces lo has conseguido? Yo nueve, pero es que soy un poco cuántico. ¡Reta a tus colegas, a ver quién consigue dividirlo más veces!

Si partes el papel en dos mitades, lo que te queda es aún un papel; cuando lo partes otra vez, lo que te queda es otra vez un papel, igual que si lo haces nueve veces como yo. La pregunta es: si pudieras seguir partiéndolo, igual ya no con tu mano, sino con una cuchilla, con las garras de Lobezno, con rayos X o con lo que sea..., ¿siempre obtendrías un pedazo de papel? ¿Habrá un momento en el que ya no puedas partirlo más? ¿O se puede seguir así hasta el infinito y más allá?

Algo así se preguntaron los primeros filósofos, los de la Grecia clásica. Ya sabes, Aristóteles, Demócrito y toda esa gente con cara de mármol, unos 500 años antes de Cristo. Y, como en toda buena «pelea de gallos», se hicieron dos bandos: los que pensaban que sí se podía dividir hasta el infinito **(los continuistas)** y los que pensaban que no, que había un momento en que ya no podías partirlo más, que habías llegado al fragmento mínimo de materia, al final del viaje **(los atomistas).**

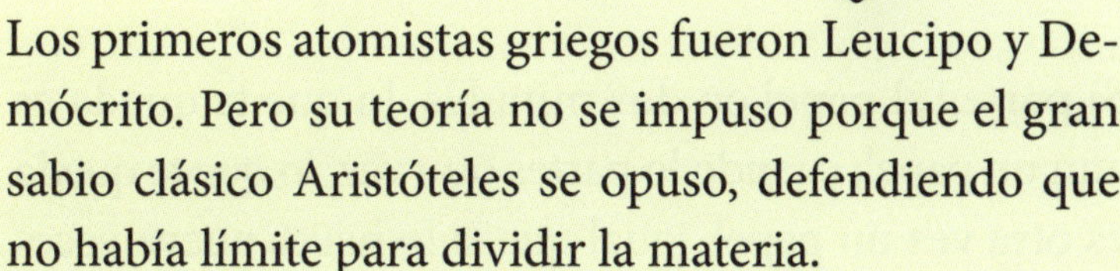

Ojo al dato friki

Los primeros atomistas griegos fueron Leucipo y Demócrito. Pero su teoría no se impuso porque el gran sabio clásico Aristóteles se opuso, defendiendo que no había límite para dividir la materia.

A ese pedazo mínimo de papel que ya no puedes partir, los griegos atomistas lo llamaron «átomo». Su líder era **Demócrito.** Pero los atomistas eran menos que los continuistas, así que seguro que se metían con ellos. Me los imagino diciéndoles: «Eres un atom-tao».

¡Recuerda!:

Átomo (ἄτομον) viene del griego «a», «no», «tomo», que significa «cortar», es decir, que no se puede cortar más o que es indivisible. ¡Qué bien, además de aprender física, estás aprendiendo griego! A lo mejor no te sirve de mucho, si vas a Grecia y por la calle vas diciendo todo el tiempo «átomo, átomo, átomo, átomo», pensarán que te falta un tornillo, o toda la caja de herramientas.

Demócrito pensaba que todo lo que ves a tu alrededor, las piedras, las casas, esa gente que va con camisas de flores..., todo, estaba hecho de átomos. Y según cómo los combinaras, obtendrías una cosa u otra, algo así como las piezas de LEGO...

Ojo al dato friki

Jugar con átomos sería como jugar al Minecraft: en el banco de trabajo puedes juntar 3 de madera y 2 de palo para tener un hacha. Con 1 de madera y 2 de palo tienes una pala... Y así. Pues esto de los átomos es igual: con distintas combinaciones de elementos formarías el barro o un hueso, una piedra o madera, arena o cristal.

Pasaron más de 2.000 años sin decidir cuál de los dos bandos tenía razón, hasta que en 1803 **John Dalton** hizo un experimento que demostraba por primera vez que la materia.... ¡sí tiene un fin! Dalton **dio con los átomos, esas piezas indivisibles que combinándolas forman toda la materia.** Algunos son elementos básicos para la vida: hidrógeno, oxígeno, carbono... Y otros son los que molan de verdad: cobre, plata, oro...

Así, por ejemplo, la sal se forma uniendo uno de esos átomos, el de sodio, con otro de ellos, el cloro; el aire es principalmente oxígeno y nitrógeno; y nosotros, los seres humanos, estamos hechos de carbono, hidrógeno, oxígeno, pelotillas en el ombligo y muchos otros tipos de átomos más.

Ojo al dato friki 

Dalton creció en una familia muy pobre y recibió una educación limitada. Se ganó la vida como profesor, pero pasó a la historia por sus estudios sobre los gases y la teoría atómica. ¿Sabías que el daltonismo se llama así en su honor? Él mismo era daltónico y fue el primero que describió y explicó este defecto de la visión que impide ver todos o alguno de los colores.

¿QUÉ ES UN ÁTOMO?

Sigma apareció en el garaje. Eran las tres de la mañana y el científico iba equipado con su atuendo de dormir: bata, zapatillas de Ewok y los rulos que mantenían a raya su tupé durante el día.

—Chicos, ¿qué hacéis aquí? ¿Estáis bien?

—Sí, Sigma, todo bien. Ada me estaba hablando sobre la dualidad onda-partícula o perro-gato, no me he aclarado mucho... —dijo Max, encogiéndose de hombros.

—¿A las tres de la mañana? —replicó Sigma—. ¡Eso es maravilloso! Partículas, electrones, protones, ¡ÁTOMOS! Bravo, Ada, es una estupenda conversación nocturna.

MOMENTO SIGMA:

Con rulos y todo, a Sigma le embargó la emoción, como cada vez que alguien hablaba de ciencia. Unas veces comenzaba a cantar, otras a recitar, otras se arrancaba por bulerías... En esta ocasión se subió a un taburete un tanto destartalado y comenzó a recitar como si se encontrase en un teatro: «La Tierra gira alrededor del Sol, dando vueltas continuamente como el resto de planetas».

—¿Te los sabes, Max? A ver... ¡dilos! Te ayudo... **Mercurio, Venus, Tierra, Marte...** Pues un átomo es algo parecido. Tenemos el núcleo, que sería una pelota, como el Sol, en el centro, y **alrededor del núcleo giran los electrones**, a distintas distancias, igual que los planetas. **Los núcleos están formados por los protones y los neutrones.** Dejad que os los presente, pasen, pasen...

Ojo al dato friki

¿Te has preguntado alguna vez qué hay entre los electrones y el núcleo de un átomo? **Pues mucho espacio vacío.** Fíjate, si pudiéramos estirar un átomo como se estira la cara de Fernando Alonso cuando va a toda velocidad en su coche, y lo hiciéramos gigante, muy grande, miles de millones de veces más grande, sería algo así:

- El núcleo sería como una cabeza de alfiler en el centro de un campo de fútbol.

- Los electrones estarían corriendo por las gradas.

- Y en medio... ¡nada!

Un átomo es casi completamente espacio vacío. **¡Estamos hechos de espacio vacío!**

¿Y en qué se diferencian los diversos tipos de átomos entre sí? Pues en el número de protones, neutrones y electrones que tienen. Por ejemplo...

- El átomo de hidrógeno está formado por un protón, un neutrón y un electrón.
- El de hierro, por 26 protones, 30 neutrones y 26 electrones.
- El de oro, por 79 protones, 118 neutrones y 79 electrones.

Así que todo lo que vemos en el mundo es una combinación de estas tres partículas: protones, neutrones y electrones. Pero... ¿qué es una partícula?

Warning cuántico:

¡Mi tesoro! Si el oro y el hierro están formados por lo mismo, ¿no podríamos juntar mucho hierro hasta formar oro? Este era el sueño de los alquimistas. La alquimia se practicó en Europa durante más de 2.500 años y era una combinación un poco extraña de ciencia, espiritualidad, esoterismo y ciencias ocultas. Incluso tuvo seguidores famosos como Isaac Newton. Hoy sabemos que ¡¡sí es posible convertir **hierro en oro**!! Ocurre constantemente. Solo necesitas estar en un lugar caliente, como, por ejemplo, una explosión de una estrella (lo que se conoce como supernova). Y, de hecho, el mismo hierro se forma por combinación de núcleos más ligeros en el corazón de las estrellas por **fusión nuclear**.

AGUJERO DE GUSANO
p. 167

Sección 2. ONDAS

Una onda es una vibración que se transmite por el espacio. ¡Y tú puedes verlas! Ata una cuerda por un extremo y *sube* y *baja* el otro extremo muy rápido. Verás que el movimiento viaja por toda la cuerda. Pues así es como funcionan las ondas. Lo que más me gusta de las ondas es que **transportan energía sin tener que transportar materia.** La materia oscila, pero no se traslada. En el ejemplo de la cuerda, si esta atraviesa la habitación y comienzas a mover uno de sus extremos, la energía (en forma de movimiento) llegará al final de la cuerda, pero el principio de la cuerda no se habrá desplazado al otro lado de la habitación.

Ondas como estas las tenemos por todas partes. Por ejemplo, en el mar tenemos las ondas de las olas, las serpientes reptan con movimiento ondulatorio y el sonido, aunque no lo vemos, también está compuesto por ondas. ¿Sabes por qué tienes internet en el móvil? Efectivamente, porque recibe y envía información en forma de ondas. **Sin ondas no hay internet...** ¡VIVAN LAS ONDAS!

Como habrás podido observar si has hecho el experimento de la cuerda, las ondas tienen picos y tienen valles. Una de sus propiedades más importantes es la **longitud de onda: la distancia que hay entre dos picos consecutivos**.

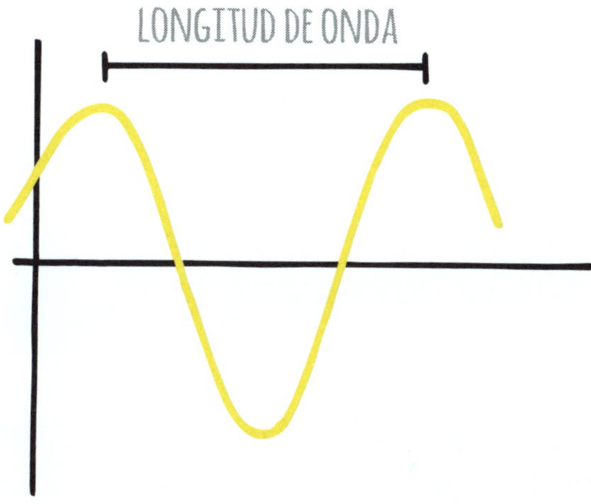

¡Experimento Low Cost!

Llena el fregadero de la cocina con agua. Bueno, en realidad con medio palmo vale. Ahora coge una piedra, una canica o cualquier cosa pequeña, pero que tenga peso. Déjala caer por la mitad del fregadero y observa lo que ocurre. No es nada nuevo, pero fíjate: se han formado unas pequeñas olas que se van alejando en círculos cada vez más grandes. Es lo que llamamos una onda.

Y ahora vas a tener que usar tu ingenio. ¿Estás preparado, joven Einstein? Vas a intentar medir de la forma más precisa posible **la longitud de onda de las olitas** que se forman en tu fregadero.

¿Cómo lo harás? Apunta en tu libreta la descripción de tu experimento, ponte a medir ¡y anota los resultados!

Pista: Puedes poner una regla en la superficie del agua... puede parecer un poco cutre, pero se consigue medir la longitud de onda.

Una genialidad de las ondas es que se distribuyen por todo el espacio. Lo has visto en el fregadero, nacen donde la canica impacta con el agua y llegan a todas partes. ¡Pero aún hay más! Son capaces de llegar a todos los lugares, a todos los rincones, porque **REBOTAN**. Cuando una onda se encuentra con un obstáculo que no puede atravesar, pues no se come demasiado la cabeza, rebota y sigue su camino hacia otro lugar. ¡Será por direcciones! A este fenómeno lo llamamos **REFLEXIÓN**.

Ojo al dato friki 

Fíjate, cuando hablas, estás generando pequeñas ondas que llegan al oído de tus colegas y, aunque hables muy bajito, al oído de la profe de mates. **Gracias a la reflexión, las ondas van rebotando y llegan a todas partes.** Por eso puedes escuchar desde el salón a los que cantan en la ducha o, cuando vas a la montaña y pegas un berrido muy fuerte, cual ciervo en el mes de agosto, ¡la montaña te lo devuelve! Eso es el **ECO**: las ondas sonoras que han salido de tu boca rebotan en las paredes de la montaña y vuelven a ti, como si la montaña tuviese orejas para escuchar y boca para hablar.

Y la característica que más me gusta de las ondas es la **RE-FRACCIÓN**. ¡Toma palabro! Una cosa que se llame tan raro tiene que ser muy chula, y lo es. Si llenas un vaso con agua, pones una cuchara dentro y lo miras desde un lateral, ¡la cuchara parece estar rota o doblada! Pero no lo está. **Cuando una onda pasa de un medio** (como el aire) **a otro** (como el agua), **se desvía**, es decir, cambia su dirección. ¡Este es el caso de la luz! La luz que va por el aire nos enseña un trozo de cuchara. Pero cuando la luz entra en el agua, se desvía, y por eso el trozo de cuchara sumergido parece que no coincida con el trozo de cuchara que está en el aire. ¡Y es que la luz también es una onda!

—¡AH, NO! ¡Ni de flowers, prima! La luz son partículas, se ve a la legua. —Cuando quería, Max podía ser muy sagaz.

—Tú sí que no ves tres en un burro. La luz se refleja, se refracta, ¡es una onda!

—Muy bien, chicos —dijo Sigma emocionado—, ambos habéis dado grandes argumentos, así que esto solo puede solucionarse de una manera...

—¿Una discusión científico-filosófica teórica en forma de debate? —preguntó Max.

—¿Una carrera práctica de experimentos y más experimentos en el laboratorio? —apuntó Ada.

—Para nada, lo que podemos hacer es...

¡PARTIDO DE FÚTBOL!
¿QUÉ ES LA LUZ, PARTÍCULA U ONDA?

Bieeeeeeenvenidos al Quantum Stadium, donde presenciamos el partido del siglo, el clásico de los clásicos, el encuentro más friki que jamás se ha visto. El tiempo acompaña con un sol radiante. Un día lleno de luz, la luz que da la vida, hace que las plantas crezcan y que te pongas morenito en la playa. La luz permite ver porque refleja, rebota en los cuerpos y llega a nuestros ojos, pero... ¿qué es realmente la luz? ¿Está compuesta por ondas **o por partículas**?

Físicos de altas vistas defienden una y otra opción en el partido del siglo, veamos las alineaciones de ambos equipos:

ELIGE TU BANDO. ¿Qué es la luz? ¿Una onda o una partícula? ¿Jugarás en el equipo Ada-Onda o en el de Max-Partícula?

EQUIPO ADA-ONDA	EQUIPO MAX-PARTÍCULA
James Clerk Maxwell (capitán)	Sir Isaac Newton (capitán)
Guglielmo Marconi	René Descartes
Thomas Young	Albert Einstein
Christiaan Huygens	Aristóteles
Heinrich R. Hertz	Pierre Gassendi

Demos la bienvenida a los dos equipos que van a luchar para llegar a la verdad, formados por los máximos defensores de cada explicación sobre la naturaleza de la luz.

Se realiza el sorteo inicial, moneda al aire... ¡Saca el equipo de las Partículas! El árbitro levanta la mano, sopla su silbato... ¡Y arranca el partido!

El primero en recibir la pelota es Aristóteles, que se interna por el lateral derecho del área. Regatea a uno, dos ¡y hasta tres jugadores! La pelota sale rebotada, pero la recupera, le da un toque, se adelanta, dispara y... ¡a las manos de Huygens! Es la primera internada del partido, comienza fuerte el equipo de las Partículas, que quiere demostrar por qué es el favorito.

Cromo científico (Aristóteles):

Aristóteles, en el siglo IV a.C., pensaba que la luz eran partículas, pero este chico era un *sobrao*. En su época eran más importantes las ideas que los experimentos, así que se conformó con decirlo y nunca trató de demostrarlo con un experimento. Un día se levantó de la cama y dijo: **«La luz son partículas»** y, ¡ea! lo dieron por bueno. Los filósofos, ya se sabe, son muy de pensar y discutir. Pero en ciencia no vale con pensar algo: hay que demostrarlo.

El equipo de las Partículas domina. Aristóteles juega para Newton... Newton caracolea, hace una bicicleta... ¡Este chico parece brasileño! Se dirige hacia la frontal del área, arma el disparo, chuta... ¡Pero la pelota se escapa rozando el palo!

Cromo científico (Newton):

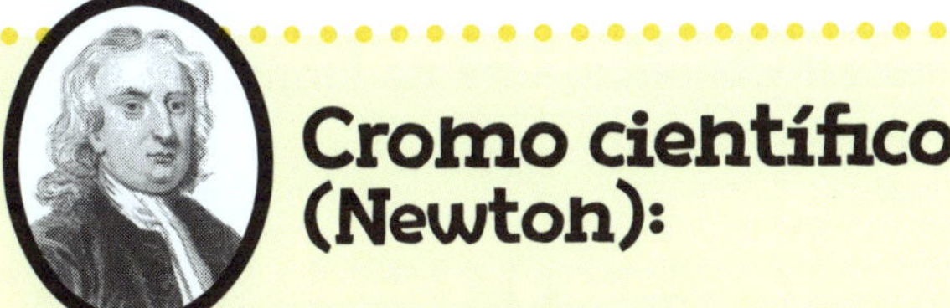

Newton fue uno de los mejores científicos de la historia e hizo importantes descubrimientos por medio de experimentos que realizaba en la granja de su madre. Uno de sus grandes trabajos fue el estudio de la luz. Él fue quien descubrió que **la luz blanca**, la que nos llega del Sol, **está formada por la unión de muchos colores**, con un precioso experimento que hizo usando prismas de vidrio para dividir la luz en colores. Así pudo explicar, por ejemplo, qué es el **arcoíris**. Pero, aunque pensaba que la luz estaba formada por partículas diminutas, nunca llegó a poder demostrarlo.

La presión es sofocante para el equipo de las Ondas. Pero emprende la jugada con decisión Marconi, que se adentra en campo contrario. Young, un desconocido que entró en último minuto en la convocatoria, realiza un desmarque entre líneas. Recibe un balón de oro con el que regatea a Aristóteles, último defensor. El guardameta sale a la caza del balón pero... ¡Qué clase! ¡Qué ligereza! Young burla la entrada del portero y ¡acompaña el balón hasta la red!

¡GOOOOOOOOOOOOL!

Gol, gol, gol, golazo del equipo de las Ondas que se adelanta en el marcador...

1 - 0

Salta la sorpresa en el Quantum Stadium y con ello llega el final de la primera parte.

Cromo científico (Young):

Thomas Young era médico, y aun así realizó una de las mayores aportaciones a la física de su época. Es famoso por un experimento que hoy se conoce como **el experimento de la doble rendija de Young**. Hizo pasar un rayo de luz por dos rendijas muy estrechas y juntas. El efecto que esto tiene es el mismo que el de lanzar dos piedras a la vez en tu bañera: se crean dos ondas circulares que viajan en todas las direcciones. En una pantalla detrás de las rendijas, Young pudo ver la interferencia que se creaba, que demostraba **que la luz tenía que ser una onda**.

Se reanuda el partido y las Ondas siguen con la sacudida. Young abre el juego para Maxwell, que toca de primeras para Hertz, y este le hace una pared con la que se libra de los defensores de las Partículas. No hay fuera de juego y Maxwell pisa el área, se la pasa a Hertz a un metro de la línea de gol, Hertz se lanza... Pero apenas acaricia la pelota, ¡vaya susto para las Partículas!

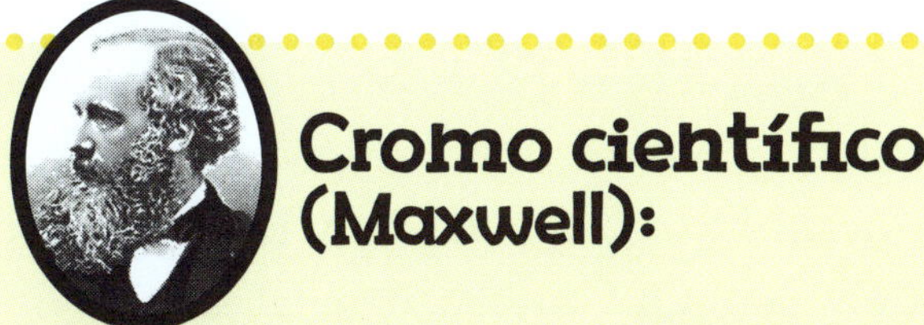

Cromo científico (Maxwell):

Aunque tardó en aceptarse, debido a la fama de Newton en todo el mundo, el experimento de Young había zanjado el debate sobre si la luz era una onda o una partícula. Pero la pregunta era: ¿una onda de qué? En 1865, Maxwell desarrolla una teoría científica sobre **la luz**, donde la describe como **una onda de electricidad y magnetismo**. Poco más tarde, Hertz realiza experimentos con estas ondas que confirman la teoría de Maxwell. Más adelante, Tesla y Marconi usan los experimentos de Hertz y la teoría de Maxwell para inventar la radio. A partir de esta tecnología se desarrollarían los móviles, la televisión, la wifi... A estas alturas, nadie ponía en duda si la luz era una onda.

El equipo de las Partículas apenas ha inquietado la portería rival en lo que va de segunda parte y no parece que pueda hacerlo en los cinco minutos que quedan de partido.

Marconi abre el juego en un pase muy arriesgado, pero ¡ojo al error del defensa! Albert Einstein, más atento que ningún otro jugador, ha robado el balón en una posición muy delicada. Marconi rápidamente corrige, pero Einstein está más hábil ¡y se hace con el control del balón! Albert recorta a Maxwell, la pelota le cae en el pie izquierdo, su perfil favorito... Está muy lejos, ¡pero parece que va a chutar! ¡Qué zapatazo se ha sacado Einstein, que sorprende a todo el mundo! La pelota va directa y...

¡GOOOOOOOOOOOOL!

¡El inesperado zarpazo de Einstein se cuela por la escuadra derecha de la portería del equipo de las Ondas!

1 - 1

Cromo científico (Einstein):

Aunque nadie ponía en duda que la luz fuera una onda, se seguía estudiando y haciendo experimentos con ella. Uno de los más curiosos es lo que se llama **efecto fotoeléctrico: consiste en iluminar una placa metálica cargada** de electricidad. La energía que lleva la luz es capaz de empujar los electrones de la placa y hacer que surja una corriente eléctrica.

Los resultados de este experimento no parecían tener ningún sentido hasta que llegó el genio de Albert Einstein. Propuso que **la luz no es una onda, sino una partícula que lleva energía en forma de paquetes que ahora llamamos fotones**. Los electrones son capaces de tomar estos paquetes como tú coges las galletas de chocolate de la despensa de los abuelos. Absorbiendo esta energía de la luz, pueden dar el salto en la placa y producir electricidad. Solo de esta forma se podía explicar lo que se observa en el efecto fotoeléctrico.

Ojo al dato friki 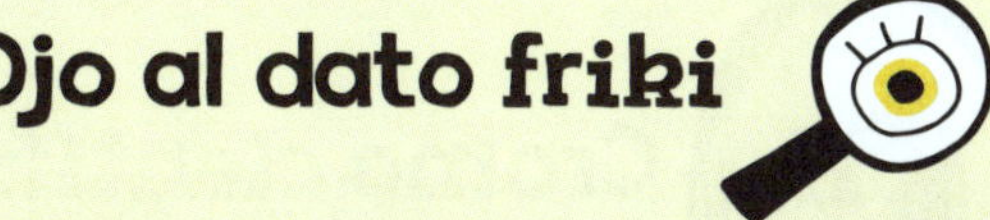

A la partícula de luz se la llama..., como cuando te haces un selfi con tus amigos en casa que sale genial: «FOTÓN». La primera persona que habló de ella fue

Einstein, aunque no le dio ese nombre. Fue el físico
Gilbert N. Lewis en 1926 quien lo hizo.

Einstein empata el partido al filo del final. El equipo de
las Ondas saca de centro, pero no hay tiempo para más.
El árbitro mira su cronómetro y...

¡Final del partido! ¡El partido más atómico de la galaxia
acaba en empate!

Y ENTONCES ¿QUÉ ES LA LUZ?

—Pero para, espera..., ¿cómo que empate? —Ada estaba
indignada—. Esto no puede ser, Sigma... Habrá penaltis o
algo, ¿no? Habrá que decidir si la luz es una onda o una
partícula... —se quejó Ada tras el despliegue futbolístico
de Sigma.

—¡Pues no! Bienvenidos al primer boom de la física cuántica: **la luz es una onda y también es una partícula**... La luz... ¡es dos cosas a la vez!

Max se metió en la conversación. Estaba muy descolocado, además de medio dormido.

—¡Pero esto no tiene sentido! Un gato es un gato, no puede ser también un perro; una silla es una silla, no puede ser al mismo tiempo una mesa; todos lo sabemos: las cosas no pueden ser algo y lo opuesto a la vez, ¡tiene que ser uno o lo otro!

—Pues no, amigo. Cuesta imaginarlo, pero en el mundo cuántico estas cosas sí ocurren: la luz es una onda y a la vez es una partícula. De hecho, depende de cómo lo miremos, será una cosa o la otra: dependerá del experimento que estemos haciendo. Bienvenidos al **principio de dualidad onda~partícula**.

Warning cuántico: 

Aunque esto parece un absurdo total, no lo es tanto. Lo más seguro es que la luz no sea ni una onda ni una partícula, sino algo que nunca antes hemos visto y que no sabemos ni siquiera qué aspecto puede tener. Lo que sí sabemos es que, depende de cómo lo miremos, parece una cosa o parece la otra. Mirad este dibujo:

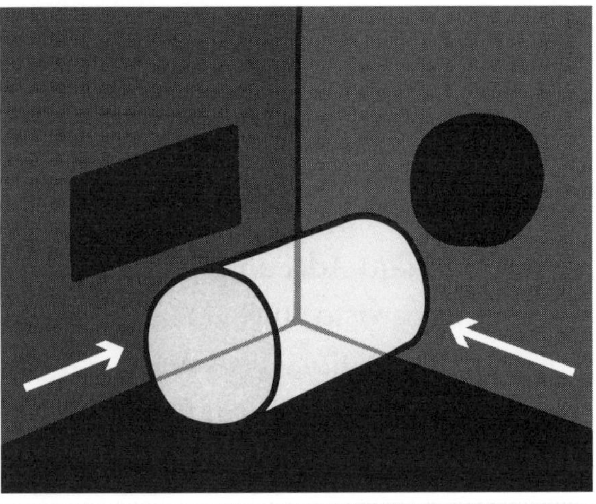

Si solo pudiéramos mirar las sombras..., ¿qué objeto pensaríamos que es? Algunos mirarían una sombra y dirían que es un cuadrado, mientras otros mirarían la otra y dirían que es un círculo. ¿Y cuál es correcta? Pues las dos, porque en realidad lo que tenemos es un cilindro que parece un cuadrado cuando lo miras de un lado, y un círculo cuando lo miras de otro.

La dualidad onda-partícula es una de las maravillas del mundo cuántico que nos hace ver que las cosas, muchas veces, no son tan simples como parecen. Y esto no solo ocurre con la luz, también pasa con las partículas, como los electrones. Sí, ya sé que ahora quieres saber más sobre la dualidad de los electrones. Ten un poco de paciencia porque este misterio se desvela en el siguiente capítulo.

Ada, Max y Sigma volvieron al salón de la casa, donde Mórtimer los esperaba tan tranquila, espachurrada en el sofá como una partícula y moviendo la cola como una onda.

—Mira, **mi gatita bonita** —dijo Sigma extremadamente pasteloso.

—Nada de bonita —dijo Ada, un poco mosca—. Esta gata es cuántica. Lo hemos visto en el garaje, es como la luz, es gata y perra a la vez, ese olor... esos pelos... ¡Mira, aquí los tengo! ¡Eran de perro! Y en ese garaje no entra nada desde 1732.

—Salvo yo, cuando tengo que hacer mis sesiones de tai-chí —dijo Sigma—. Me pongo mi música relajante y al garaje, que se está la mar de tranquilo.

—Aun así, Sigma, estos pelos no son tuyos. Son mucho más oscuros y fuertes. ¡Son de perro! ¡El misterio sigue abierto y yo creo que la solución es una gata cuántica! —gritó Ada acercando los supuestos pelos de perro a la cabeza de Sigma y comprobando que eran de distinto color. —Uy, ¿a ver? —Sigma levantó el brazo dejando al descubierto su sobaco lleno de pelos—. ¡Mira, pues sí que son míos! —dijo Sigma mientras comparaba los pelos en la mano de Ada con los de su axila—. ¡Misterio resuelto! Ahora, vayamos a dormir.

Capítulo 2.
SUPERPOSICIÓN CUÁNTICA

Después de una noche un tanto movida, Ada y Max se despertaron tardísimo y decidieron darse un homenaje desayunando a lo grande. Los dos estaban sentados en la mesa de la cocina, con tazones de leche repletos de galletas y tanto cacao en polvo que costaba distinguir la leche de los grumos.

De repente se escuchó un estruendo desde el piso de arriba de la casa, como si un ejército de hipopótamos hubieran decidido practicar triple salto mortal sobre los instrumentos de cuerda de la filarmónica de Pekín. Ambos se miraron. **¡Mórtimer!**

Subieron corriendo hasta la planta de arriba, donde volvieron a escuchar el ruido de cosas cayendo, seguido de un maullido. ¡Venía del desván!

—¡Es imposible tener a esa gata quieta! Vaya ojo tiene la tía Saturnina eligiendo inquilinos. **Tenemos que encontrarla antes de que la vuelva a liar.** Esa gata es capaz de lo más insospechado —exclamó Ada, cogiéndole la mano a Max y tirando de él—. Vamos, no seas miedica, que se nos escapa.

—No soy miedica, pero va a estar lleno de polvo... Va a ser como anoche en el garaje, y ya sabes que a mi alergia...

Ada lo fulminó con la mirada.

—Está bien, **vamos**. Al menos en el desván hay ventanas —dijo Max, subiéndose el cuello de la camiseta hasta taparse la nariz.

Bajaron la trampilla y subieron por la escalerilla hasta el desván. La bombilla no funcionaba, pero entraba suficiente luz (en forma de onda y partícula, ya sabes) por las ventanas polvorientas. Había un montón de trastos viejos por todos los lados, incluso tirados por el suelo.

—Cierra la trampilla para que no se nos escape otra vez Mórtimer. —Max se acercó a una de las telas que tapaban los muebles viejos: tenía los bajos deshilachados y con varios arañazos—. ¡Ada! ¡He encontrado una prueba!

—¡A ver! —Ada se acercó corriendo—. Arañazos... Esto ha tenido que ser Mórtimer, seguro. ¡Tiene que estar aquí!

Pero, tras un rato rebuscando, fueron incapaces de encontrarla. Ada estaba descolocada:

—Tú también la has oído, ¿no?

Max asintió, pero no estaba nada convencido.

—A lo mejor ha salido del desván, Ada. No sé, creo que te estás obsesionado un poco con esta gata.

—¿Que ha salido? **¿Por dónde?** La trampilla y las ventanas están cerradas. Espera, quizá haya escapado por la rejilla de ventilación —dijo Ada, señalando una pequeña rejilla metálica.

—Es una gata, no un ratoncito. Ni de broma cabe por allí. ¡Ni aunque fuera una gata contorsionista! —contestó Max con un tono científicamente aplastante.

—¿Y si fuera una gata cuántica que se escapa por las rendijas? —Max no parecía muy impresionado, así que Ada tuvo que explicarse un poco más—. **¡Como en el experimento!**

—¿Pero de qué experimento me hablas ahora?

Ada suspiró:

—¿Te acuerdas de eso de la dualidad onda-partícula? Me costaba creerlo, así que lo comprobé en el libro que cogí de casa de Sigma. Y encontré un experimento que lo flipas para entender esta dualidad:

¡¡¡EL EXPERIMENTO DE LA DOBLE RENDIJA!!!

Después de todo el jaleo de la dualidad onda-partícula de la luz, al físico Louis

de Broglie se le ocurrió que esto también podría pasar con muchas otras partículas, como los electrones. Vaya, que **to~ das las partículas de la materia ¡también po~ drían tener propiedades ondulatorias!** La idea de Louis fue tan genial que, una vez demostrada, le dieron el Premio Nobel en 1929.

Ojo al dato friki

Existen otro tipo de premios con nombre parecido al Nobel, pero no son tan prestigiosos. Se trata de los premios **Ig Nobel** y se conceden cada año a las investigaciones más graciosas. Por ejemplo, que humanos y elefantes tardamos lo mismo en hacer pis o que si atas un palo a la cola de un pollo camina como un velocirraptor. ¡Busca más en internet! ¿A qué esperas? Te sorprenderás.

Pero para demostrar ideas tan disparatadas e increíbles como las de Louis de Broglie, fueron necesarios un montón de experimentos rarísimos. ¿Quieres probar?

¡Experimento High Cost!

Instrucciones para montar tu propio experimento de la doble rendija en casa:

¡Abre bien los ojos, piltrafilla! Con este experimento vamos a demostrar que las partículas se comportan no solo como partículas, sino también como ondas. Vamos a espiarlas...

Imagina que tienes la suerte de tener una pistola. No, espera, mejor aún, **un cañón ¡capaz de disparar electrones uno a uno!** Mola, ¿eh? No solo serviría para electrificar el pelo de tu perro y que se le ponga de punta, sino que te serviría para realizar uno de los experimentos clave en física cuántica. **El experimento por el cual sabemos que los electrones**, esas pequeñas partículas con carga negativa, **también se comportan como ondas**.

¿Cómo te has quedado?

Mira bien cómo se hace:

Piezas que necesitas: tu cañón de electrones, una lámina con dos rendijas paralelas y una pantalla detectora de electrones.

Montaje y funcionamiento: se coloca primero el cañón de electrones, a continuación la lámina con dos rendijas y, por último, detrás de la lámina, una pantalla capaz de detectar electrones. La idea es dis-

parar electrones hacia la lámina y ver cómo llegan al detector tras haber pasado por las dos rendijas.

Si los electrones se comportasen como partículas, el detector registraría solo dos líneas paralelas. Obtendríamos **«el patrón de partícula»**, como se muestra a la izquierda del siguiente dibujo.

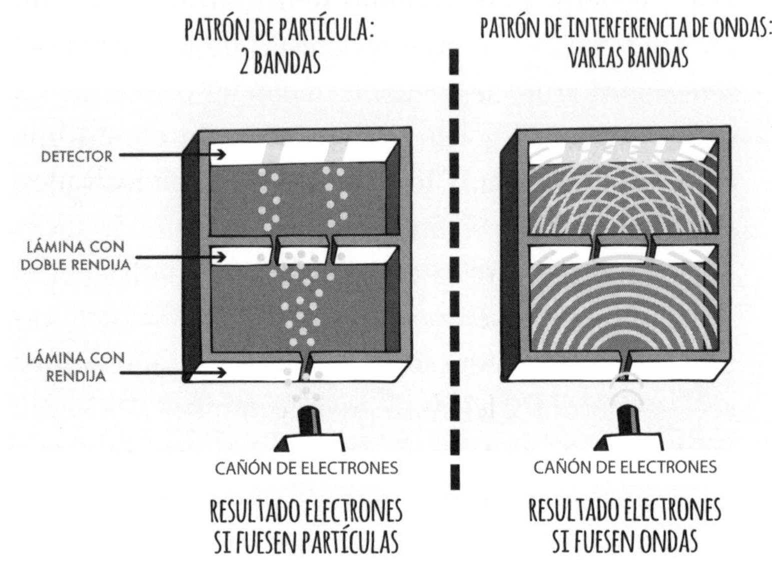

Pero si los electrones se comportasen como ondas, entonces en la pantalla detectora se registrarían varias líneas (mira el lado derecho del dibujo de arriba) **debido a las interferencias entre las ondas**. ¡Vaya careto has puesto! Y no me extraña, eso de las interferencias en las ondas no es nada fácil. Anda, mírate el siguiente warning:

Warning cuántico:

Imagina que dos señores gordos saltan a la piscina justo a la vez. Cada uno de ellos creará un **patrón de ondas** a su alrededor y, cuando se encuentren unas ondas con las otras, se producirán interferencias. Recuerda que las ondas se desplazan formando crestas y valles. Cuando las crestas de las ondas del señor gordo uno se encuentren con las crestas de las ondas del señor gordo dos, se sumarán dando una cresta aún más alta. Y lo mismo pasará con los valles, pero dando lugar a un surco más profundo. ¿Pero qué ocurre si la cresta de las ondas generadas por el señor gordo uno se encuentran con los valles generados por las ondas del señor gordo dos? ¿Que los dos señores gordos adelgazan cuánticamente? ¡No! Algo mucho más espectacular: ¡las ondas se anulan! Cresta más valle da cero, en ese punto no se observa onda. ¡Pues lo mismo pasa con el experimento de la doble rendija! Las zonas en las cuales las ondas se refuerzan se registrarían en el detector. Pero no se podrían registrar las zonas donde se anulan. Esto da lugar a lo que se llama **UN PATRÓN DE INTERFERENCIA**.

Pero **¿qué ocurre en realidad?** ¿Cuál crees tú que será el resultado del experimento de la doble rendija?

Max~Partícula tiene muy claro que los electrones son unos elementos muy «particulares». ¿Estás de su lado? ¿O más bien opinas que **Ada~Onda** tiene razón, y que los electrones son escurridizos como una onda?

¿ONDA O PARTÍCULA?

Recuerda, si has apostado por que los electro~ nes se comportan como partículas, estos rebotarían por toda la lámina y solo llegarían al detector los que atravesasen las rendijas. Así que el resultado serían dos líneas paralelas en la pantalla detectora.

Pero si crees que los electrones se comportan como ondas, al hacer el experimento, lo que se vería en la pantalla detectora sería todo un patrón de bandas de interferencia.

Y el resultado es...

¡Los electrones se comportan como ondas!

Si has escogido el bando de las partículas, no te rindas todavía. Aunque el resultado del experimento sugería que los electrones se comportaban como ondas, ¡aún no estaba todo decidido! Los enemigos de las ondas dijeron que había dos modos de interpretar los resultados:

A. Bueno, vale, sí, de acuerdo... Aceptamos que los electrones se comportan como ondas... Aunque...

B. Al ser disparados, ¡los electrones podrían chocar y rebotar entre ellos dentro del experimento! Generando *casualmente* un patrón que se parecería al patrón de interferencia de una onda.

La cosa se ponía interesante. ¿Quién ganaría este duelo? Las ondas no se dejaron vencer y contraatacaron sacando una nueva versión del...

EXPERIMENTO DE LA DOBLE RENDIJA 2.0

Para descartar la opción B, **dispararon los electrones de uno en uno** a fin de que de ese modo no pudieran chocarse entre sí. Y... ¡volvieron a obtener un patrón de interferencia! **¡Victoria, camaradas de las ondas!** Esto significa que el electrón, como la luz, tiene una naturaleza onda-partícula y puede incluso interferir consigo mismo, como lo hace una onda.

Si disparas un único electrón, esperas que pase por una de las dos rendijas. ¡Pero no es así! **Pasa por las dos ren~dijas al mismo tiempo porque el electrón tiene propiedades cuánti~cas y es capaz de comportarse como una onda.** El electrón, cual onda, es ca~paz de pasar por las dos rendijas a la vez para luego poder interferir consigo mismo.

Si quieres saber lo que ocurre si in~tentamos mirar por qué rendija pasa cada electrón, ve al capítulo 3.

Pero la cosa no acaba aquí. No contentos los ondulatorios, habiendo demostrado que los electrones se comportan como ondas, decidieron innovar más que Android y sacaron la versión...

EXPERIMENTO DE LA DOBLE RENDIJA 3.0: DISPARAR COSAS MÁS GRANDES

No te emociones, piltrafilla. Te veo ya intentando disparar a tus Pokémon para ver si son ondas o partículas. ¡No tan rápido! Este experimento solo vale si disparamos «partículas grandes», pero todo lo grande que se puede considerar algo a nivel cuántico. En 1999, un grupo de investigadores, liderados por Arthur Zeilinger, dispararon **fullerenos** a través de la doble rendija. ¡Pero qué careto has puesto! Los fullerenos son unas moléculas de sesenta átomos, todos de carbono, y son como una pelota de fútbol, pero muy chiquitita.

Incluso con los fullerenos se obtuvo el patrón de interferencia, demostrando que **moléculas formadas por unos cuantos átomos también tienen naturaleza ondulatoria**. Así pues, si has elegido el bando ondulatorio has acertado de lleno. Eso sí, por muy ondulatorio que seas, esto no significa que si corres hacia dos puertas que estén en una misma pared saldrás por las dos... ¡Te estamparás contra el muro que hay entre ellas!

Warning cuántico: 

Mórtimer, tan gorda como es, no puede mostrar efectos cuánticos notables. El experimento solo dará resultados medibles en partículas muy pequeñas. ¡No en una gata! ¡Ni en un Pikachu!

—Así que, según el experimento de la doble rendija, las partículas también son ondas... Pero ¿ondas de qué? —dijo Ada.

—¿He oído **doble rendija**? —dijo Sigma descolgándose del techo haciendo un rápel a lo 007, cosa que lo llevó directo a colisionar contra una montaña de trastos viejos, levantando una nube de polvo que ni las tormentas de arena en el Sáhara. Eso sí, al levantarse, su tupé estaba intacto.

—Vaya, Sigma, ¡pillas la física al vuelo! —dijo Ada—. Sí, estábamos hablando de cuántica, pero en realidad lo que queremos es encontrar a Mórtimer, así que...

—¡Esta doble rendija es una de las historias más magnificentes y fenomenales de la ciencia!

—Va a volver a hacerlo, ¿verdad, Max? —dijo Ada expectante.

—Agárrate, Ada, que Sigma se arranca.

MOMENTO SIGMA: ONDAS DE PROBABILIDAD

Sigma dio un salto sobre el suelo, levantando treinta toneladas de polvo, y se colocó en posición triunfal. Partículas que se comportan como ondas. Ondas que se comportan como partículas... Pero ¿de qué tipo de onda hablamos? ¿De las ondas de mi tupé? ¿De las del sonido? ¿De las olas del mar? No, chavalería, **las on~ das de las partículas son «ondas de probabi~ lidad»**. Eso implica que ¡el mundo es PROBABILISTA! Una acción no tiene una única consecuencia directa, sino que puede llevar a varios efectos, cada uno de ellos con distinta probabilidad. Una moneda tiene una probabilidad de ser cara y otra de ser cruz, una carta sacada al azar de una baraja tiene una cierta probabilidad de ser rey y otra de ser caballo. Es todavía más impactante porque pueden existir probabilidades de que ocurran **cosas que escapan a nuestra lógica**. Es como si cuando chutamos un balón contra un muro, además de la posibilidad de rebotar, también existiese la posibilidad de que atravesase la pared.

AGUJERO DE GUSANO p. 158

Ojo al dato friki

Einstein no podía aceptar que el mundo fuese probabilista y por eso dijo su famosa frase: **«Dios no juega a los dados»**. Esta fue la respuesta de Bohr: **«Deja de decirle a Dios lo que tiene que hacer»**.

DOS POR EL PRECIO DE UNO: LA SUPERPOSICIÓN CUÁNTICA

MAX: Así que en el mundo cuántico las partículas no tienen por qué escoger entre pasar por una rendija o por la otra, o entre el lado oscuro y el luminoso de la fuerza: ¡pueden ser Luke y Darth Vader a la vez! Esto se debe a ¡la superposición cuántica! Pero esto nada tiene que ver con que Mórtimer haya sido capaz de colarse por las rendijas del desván.

Warning cuántico:

La superposición cuántica es el fenómeno por el cual **las partículas pueden poseer a la vez**

(superpuestas) varias propiedades que de entrada pueden parecer contradictorias. Como, por ejemplo, pasar por la rendija de la izquierda y por la de la derecha a la vez.

ADA: ¿Luke y Darth Vader a la vez? ¿Ser tu propio padre? Madre mía, Max, eso tiene sus ventajas. Te das permiso a ti mismo para quedarte viendo la tele hasta tarde, te das dinero para ir al parque de atracciones, no te obligas a limpiar la habitación...

MAX: Ada, ya se te está yendo la olla. Ser Luke y Darth Vader a la vez es solo un ejemplo. ¡La superposición no se puede aplicar en el mundo macroscópico!

ADA: Calla, Max, no seas aguafiestas. Esto de la superposición mola mogollón. ¿Te imaginas cómo sería el mundo? ¡Ser viejo y joven a la vez! Feo y guapo, bueno y malo, causa y efecto, Batman y Superman... ¿Vivo y muerto? Imagínate, Max. Si Mórtimer fuera cuántica, como parece que es, podría ser todas estas cosas a la vez. ¡Una gata viva y muerta! ¡Una gata zombi!

—Una gata zombi, pero qué tonterías se te ocurren, Ada. Anda, sigamos buscando. Esta gata tiene que estar escondida en algún sitio —dijo Max, mirando detrás de un sofá viejo.

—Vamos allá, Sigma, ¿por qué no miras en la cocina, por si acaso?

Ada y Max revisaban el desván por decimoctava vez cuando escucharon un maullido muy agudo y una voz que venía desde abajo. Max y Ada se miraron antes de bajar atropelladamente por la trampilla y correr hasta la cocina.

—Mirad, chicos, **aquí está Mórtimer** —comentó Sigma mientras echaba un poco más de leche al tazón del que estaba bebiendo Mórtimer. La gata movía la colita y maullaba, contenta.

Max y Ada miraron sorprendidos a Mórtimer, que seguía bebiendo mientras Sigma le acariciaba el lomo.

—Pero... ¡está aquí! —exclamó Ada—. ¡Si la habíamos oído en el desván! Lo sabía, esta gata es como los electrones, que pueden estar en muchos sitios a la vez.

Chavalería, todo tiene un final, incluida la superposición. Y a este final los físicos lo llaman **decoherencia**.

ATENCIÓN: la decoherencia o pérdida de superposición se debe a las interacciones con el entorno.

Si no hubiera decoherencia, ¡las cosas estarían siempre en superposición! Tendríamos monedas que caen en cara y cruz al mismo tiempo o cartas que son reyes y caballos y Mórtimer en el desván y la cocina a la vez. Pero **las superposiciones cuánticas son algo delicado, que necesita estar muy bien aislado**. MUY BIEN AISLADO. Forrar el sistema con papel higiénico, cinta americana y/o papel de aluminio no sirve para evitar la decoherencia. Muchos de los sistemas cuánticos con los que se trabaja en los laboratorios están **aislados en cámaras «al vacío» donde casi no hay partículas, y a temperaturas muy muy bajas** (por debajo de los 200 ºC) para evitar esta decoherencia.

—Caso resuelto. Mórtimer es una gata, no un electrón, por lo que no puede estar en superposición —dijo Max.

—Muy cierto, joven científico —asintió Sigma, comiéndose las galletas que Ada y Max habían dejado sobre la mesa de la cocina—. **No puede estar en superposición con nada, porque no está aislada.**

—¡Pero, Max! —dijo Ada, exasperada—. ¿En serio Mórtimer te parece tan normal? Hace cosas extrañísimas: es dual, se superpone...

—Max tiene razón, eso es imposible, Ada. Y, sin embargo... —empezó a decir Sigma mirando por la ventana, y entonces se escuchó un maullido en el patio trasero. Max y Ada miraron hacia el tazón de Mórtimer.

La gata ya no estaba.

Al asomarse por la ventana, la vieron mirándolos desde el muro del jardín, justo antes de que saltara hacia el otro lado:

—**¡Está en la calle! ¡Que se escapa!** —exclamó Ada, girándose hacia donde estaba Sigma, el cual salía tranquilamente de casa, canturreando una canción de Los Chichos sin darle la menor importancia a lo que estaba pasando.

Tras unos segundos de confusión, Ada miró a Max.

—¿Y esto? ¿También es normal?

TERCERA CENTURIA. EPISODIO 1: ¿ESTÁ MI MADRE EN SUPERPOSICIÓN?

Buenas noches, amigos del método científico. En la actualidad se ha popularizado la utilización del adjetivo «cuántico» en multitud de productos cuya veracidad científica es muy dudosa. Existe el «agua cuántica», la «medicina cuántica», la «memoria cuántica», los «masajes cuánticos» y un largo etcétera de ejemplos, todos ellos sin ningún fundamento científico. Como hemos visto en esta nave del conocimiento, los fenómenos cuánticos no se aplican a seres macroscópicos como nosotros.

Sin embargo, viendo los extraños sucesos acaecidos en esta cocina, es lógico tener dudas. ¿Pueden tener nuestros seres queridos comportamientos cuánticos? Hoy, en *Tercera Centuria*, hablaremos del inquietante caso de «La madre en superposición cuántica».

¿Quién de pequeño no se ha perdido alguna vez? Jugando en la playa, en el parque, en un centro comercial... Es normal que los niños se distraigan y se separen de sus padres. En ese momento, si los padres no se percatan, el niño a veces se pierde y los padres pasan unos terribles momentos buscándolo. ¿Y quién no ha escuchado alguna vez a una madre, aliviada al haber encontrado a su joven vástago de nuevo, decir: «No sé si darte un beso o un tortazo»?

Impresionante, amigos. Un beso o un tortazo. Es en este instante cuando la madre, una madre como cualquier otra, parece que se encuentra en superposición beso-tortazo. Un momento efímero, en el que cualquier influencia externa hará que aparezca la decoherencia y se pierda la superposición:

—¡Un beso! —contesta el niño.

Y... ¡¡zangarrianga!! La madre le cruza la cara a su progenie con un sonoro tortazo. Y déjenme que les diga que ese golpe no tiene nada de cuántico.

Casos como el de «La madre en superposición beso-tortazo» o «Querer levantarse, pero estar muy cómodos en el sofá» podrían llevarnos a pensar que el mundo cuántico nos acecha. ¡Pero mejor dejad de flipar! Igual que los masajes cuánticos no tienen fundamento científico, «La madre en superposición beso-tortazo» tampoco. Manténganse alerta, amigos centurianos. Les seguiremos informando.

TEST CUÁNTICO:
¿SUFRES DE SUPERPOSICIÓN CUÁNTICA?

1. Cuando te despiertas y vas a clase:
   a. Llegas sin problema al aula y comienzas a tope el día.
   b. Sigues dormido a la par que despierto hasta las 11.15 de la mañana.

2. Cuando sales de un examen diciendo que te ha salido muy bien:
   a. Sacas un 10.
   b. Sacas un 3,5.

3. Cuando te llaman tus amigos para que salgas un rato y contestas «ahora voy»:

    a. Vas.

    b. Sigues tranquilamente jugando al *League of Legends* en tu ordenador.

4. Cuando en casa te piden que limpies tu habitación, contestas «inmediatamente» y...

    a. En 20 minutos tu habitación está como los chorros del oro.

    b. En 20 minutos tu habitación sigue pareciendo una leonera.

Mayoría de respuestas A: La decoherencia gobierna tu vida.

Mayoría de respuestas B: Eres un claro ejemplo de sistema aislado y eso puede traerte problemas... O no.

Capítulo 3:
COLAPSO CUÁNTICO

—¡No me lo puedo creer! —gritó Ada desconcertada—. ¡Maldita gata! ¡Ha destrozado las cortinas de terciopelo del salón! De esta no salimos, ¡la tía nos mata! ¡Madre mía! ¡Las cortinas hechas trizas! Esa gata es como Terminator, pero en gato... es TermiGATOr. ¡¡La voy a mataaaaaar!!

En ese preciso instante, Max entró en la habitación con Mórtimer en brazos. La gata estaba boca arriba, lamiéndose las patas y limpiándose el hocico con ellas.

—Ada, Mórtimer no ha podido hacer todo eso, estaba acicalándose tranquilamente en mi habitación.

—Ya, ¿y quién lo ha hecho, listo? ¿Lobezno? Esta gata es muy lista. Cuando la miramos parece que es dulce e inofensiva, pero la muy astuta se escapa y, cuando nadie la ve, destroza todo aquello por donde pasa.

—¿Estás diciendo que Mórtimer es como el Dr. Jekyll y Mr. Hide? —apuntó Max.

—Más aún, porque esa gata es cuántica. He estado pensando en ello, Max. **Mórtimer es una superposición de TermiGATOr y Hello Kitty, ¡a la vez!**

—¡Hasta que interactúa con el entorno, con nosotros! —intervino Max, que empezaba a entender por dónde iba Ada—. Es pura mecánica cuántica, el efecto del colapso cuántico.

—Yo lo único que observo es que cuando Mórtimer está a su bola se acicala y rompe cortinas, todo a la vez, y cuando finalmente la pillamos, colapsa en estado «gatito lindo». **No sabe ni nada...**

Ojo al dato friki

En mecánica cuántica las partículas pueden estar en superposición de varias propiedades (o estados) a la vez.

La superposición acaba con la decoherencia o interacción con el entorno. ¿¿La deco-LO QUÉ?? La decoherencia, que no son las figuras de los chinos que te deja tu abuelo en herencia, no. Anda, métele un repaso a eso de la decoherencia.

Pues eso, que la superposición puede acabar debido a la interacción con un aparato de medida cuando realizamos un experimento.

Es decir, cuando **queremos medir el estado de una partícula, decimos que su estado cuán~tico «colapsa», la partícula deja de estar en todos los estados de la superposición a la vez y se queda solo en uno**. Lo que significa que nunca veremos a Mórtimer en dos estados a la vez: la veremos solo en uno.

¡Experimento High Cost!
Doble rendija con observador:

¿Te suena esto de la doble rendija? ¿Cómo que no? ¡Sigue este aguje-ro de gusano!

Efectivamente, al disparar elec-trones uno a uno, estos atravie-san la doble rendija en superpo-sición de «pasar por una rendija» y «pasar por la otra

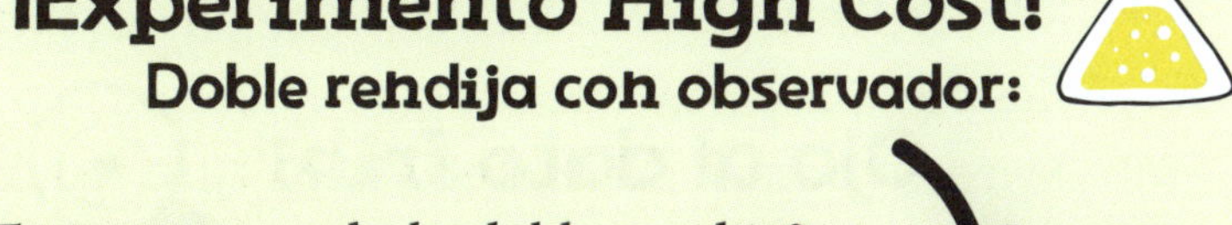

rendija». Por eso observamos un patrón de onda en la pantalla (PANEL A).

Los físicos se preguntaron si el electrón pasaba efectivamente por las dos rendijas, pues esto sería algo **muy extraño**. Así que se pusieron manos a la obra e idearon un experimento con el que **podían observar por cuál de las dos rendijas pasaba el electrón**. HABLANDO DE COSAS MUY PEQUEÑAS: los electrones son tan minúsculos que no se ven ni con microscopio, así que hacen falta equipos muy sofisticados para detectarlos. Por lo que el tema tenía su intríngulis. Lo que vieron al observar por qué rendija pasaba el electrón fue... que **el electrón siempre pasaba por una rendija o por la otra. No vieron la superposición**.

Y, PARA LIARLA MÁS PARDA, el patrón de interferencias desaparecía y en su lugar se obtenía el patrón de dos rendijas. **Al observar lo que hacía el electrón «rompieron» la superposición, provocaron el «colapso» de la función de onda y el electrón pasó a comportarse como una partícula.**

Parece que el observador destruye la función de onda con solo mirar. ¡Como le pasa a Ada con Mórtimer!

LOS PROBLEMAS DE LA SUPERPOSICIÓN EN LA VIDA DIARIA DE UN ELECTRÓN: LA PIZZA CUÁNTICA DE ¡¡A~JA!!

Imaginemos que tomamos un brebaje mágico y de repente nos hacemos diminutos, del tamaño de un electrón. Sentimos en nuestro cuerpo que este cambio nos ha cansado mucho, ha sido como correr una maratón. ¡Y nada mejor para reponer fuerzas que ir a la pizzería a comer! Una pizzería cuántica, claro, porque estamos en el mundo mini-microscópico.

—¡Una pizza de atún con jamón para llevar, por favor!

—Muy bien, A-tún y JA-món. ¡Una pizza A-JA marchando! Le advierto que la pizza es una pizza en superposición de atún con jamón.

—Ajá...

La pizza sale, cogemos la caja, pagamos y vamos a comérnosla a la plaza cuántica. Abrimos la caja y... ¡ajá! ¿Dónde está el jamón? ¡Esa pizza solo tiene atún! Volvemos a la pizzería a reclamar.

—¡Mi pizza es solo de atún! ¡Aquí la tiene, quiero mi dinero de vuelta!

—Cariño, ya te advertí de que te estabas llevando una pizza en superposición de atún y jamón, ambos coexistiendo. Cuando abriste la caja y miraste, afectaste a la pizza, acabaste con la superposición y la pizza «colapsó» al sabor atún. Si te llevas 100 pizzas A-JA verás, cuando abras

las cajas, que unas 50 se convertirán en pizzas de atún y las otras 50 en pizzas de jamón.

—¿Y qué hago yo con tanta pizza? ¿Una torre inclinada de Pizza?...

—Es solo un ejemplo.

—Pues en su ejemplo está claro que la mitad de las pizzas eran de atún y la otra mitad de jamón.

—Eso sería lo lógico en tu mundo, ¡pero estamos en el mundo cuántico! Deberías saber que aquí la superposición es real. Una carta puede estar en superposición de boca arriba y boca abajo, una moneda puede estar en cara y cruz y usted puede salir de aquí por las dos puertas. La materia a este nivel, a nivel cuántico, tiene propiedades ondulatorias. Las ondas son extensas y pueden pasar por varios lugares a la vez, y las ondas también pueden sumarse e interferir, formando lo que llamamos superposición.

—¡En mi mundo también hay ondas! Hay olas en la costa y, cuando rebotan contra el muelle, se suman con la ola que hay detrás y la ola resultante puede hasta desaparecer... Pero el jamón es jamón.

—Aquí el jamón también tiene propiedades ondulatorias, así que, aunque la pizza tenga jamón, este puede desaparecer cuando hay una cierta perturbación, por ejemplo, cuando alguien abre la caja (o, en términos cuánticos, cuando alguien realiza una medida). Es la «magia» del mundo cuántico. Ahora que ya sabe cómo funciona este mundo y que la pizza se le ha enfriado... ¿Desea comprar otra pizza A-JA?

—Está bien, deme otra pizza, y si me sale de jamón me haré un bocadillo de pizza A-JA con atún frío y jamón caliente.

Eso mismo le pasa a Mórtimer. Cuando sabe que está siendo observada, colapsa en un único estado. Pero ¿cuántos estados tiene Mórtimer?

ADA Y MAX EN BUSCA DE LOS ESTADOS CUÁN~ TICOS DE MÓRTIMER:

—Estoy segura de que Mórtimer tiene un montón de estados —dijo Ada.

—Solo hay una forma de demostrarlo científicamente: midiendo a Mórtimer en distintos momentos sin que se dé cuenta.

—Ajá. Yo ya he capturado a Mórtimer al menos en tres estados distintos.

—¿Cómo? —preguntó Max atónito, sorprendido, alucinado, deslumbrado, extasiado, vamos, que no se lo podía creer.

—Le he estado haciendo fotos. Mira, mira, mis resultados:

Estado Hello Kitty: ese es el estado en el que Mórtimer se encuentra casi siempre. Hecha una pelotilla de pelo, lamiéndose las patas (y hasta el culo, ¡qué asco!), jugando amistosamente con un ovillo de lana, bebiendo su leche educadamente... Un rollo de gata, vaya. No tiene mucho mérito conseguirlo.

Estado Acongojada no, ¡lo siguiente!: este me costó más. Tuve que camuflarme con la pantalla de soldadora de la tía, los guantes de jardinero del vecino, el parapeto de plomo de Sigma, tus mallas de Superman, Max, y mis botas de punta de hierro de los conciertos punk. Me escondí detrás de las cortinas y, cuando se acercó, aparecí de golpe, encendiendo la aspiradora esa que te absorbe hasta los granos de la cara. Le saqué esta foto:

Estado Empanada: este ha sido muy fácil de conseguir. Mórtimer es capaz de quedarse totalmente quieta mirando un punto fijo durante horas, como si Medusa le hubiera lanzado una mirada petrificante. A veces da la impresión de que tiene visión de efecto túnel.

Si no puedes esperar a saber qué es el «efecto túnel», sigue el agujero de gusano al capítulo 7.

Estado TermiGATOr: este es el único que no he podido observar directamente. Es el hipotético estado en el que Mórtimer destroza todo aquello por lo que pasa: araña las cortinas, se come los sofás, se mea encima de las mesas... ¡con el mantel puesto!

MOMENTO SIGMA:

—¡AYUUUUDAAAA! ¡SOCOOOORROOOO! —La voz de Sigma sonaba lejana, como ahogada, como si saliera... ¡de debajo del sofá!

—**Conejos buceadores**, Sigma, ¿cómo te has metido dentro del sofá? —preguntó Max mientras Ada retiraba los cojines y ayudaba al apuesto pero extraño científico a salir de dentro del sofá cama.

—Buscaba el mando de la tele y, ya ves, os he oído hablar de estados cuánticos y quería unirme a la discusión.

—Tú no eres muy normal... ¿Verdad, Sigma?

—¿Quién quiere ser normal cuando se tiene este tupé? Hagamos una suposición: si Mórtimer fuese una gata cuántica, cuando no la observamos estaría en todos sus estados posibles a la vez; sin embargo, **al mirarla, solo podríamos percibir un único estado**.

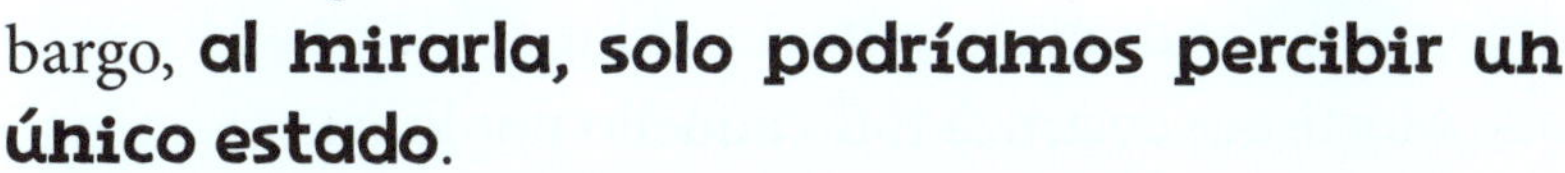

—Pero, Sigma, no lo entiendo. ¿Qué es lo que sucede con todos los demás estados? ¿Desaparecen?

—¡Esa es una excelente pregunta, Max! De hecho es algo que lleva trayendo a los físicos de cabeza desde hace décadas, pero que nadie ha sabido explicar a ciencia cierta.

—Bueno, bueno, bueno —contestó Ada—, pero aunque no se haya demostrado totalmente, seguro que **los científicos tienen mogollón de teorías para explicar qué es lo que pasa** con todo el resto de estados, ¿verdad?

—Efectivamente, Ada. Hay muchas interpretaciones de la mecánica cuántica que intentan hacer comprensible este fenómeno. Os voy a contar un par de ellas mientras acaricio a esta **minina bonita, preciosa cosita**, que es Mórtimer.

—Cómo está el patio... —pensó Ada.

INTERPRETACIÓN DE COPENHAGUE

Ojo al dato friki 

Copenhague es la capital de Dinamarca, un bonito país entre Alemania y Suecia. Copenhague es una ciudad impresionante, con noches minúsculas en verano (¡Amanece a las cuatro de la mañana! ¡Más te vale tener persianas!), castillos, parques, una sirena y la universidad donde Niels Bohr y Werner Heisenberg desarrollaron grandes tesis de la física. Más te voy a decir: ¡en Dinamarca nació LEGO! Esos cuadraditos de colores que nos permiten a los frikis construir desde formas amorfas hasta robots para conquistar la galaxia. Muchas gracias, Ole Kirk Christiansen, carpintero danés creador de este juego. Resumen: si no has ido a Dinamarca, ya puedes ponerte las pilas.

Sigma estaba excitadísimo:

—Dos grandes, dos gigantes, dos titanes, dos pedazo de físicos...

—Calma, Sigma, que se te va la pinza —le dijo Ada, que siempre estaba ahí cuando se la necesitaba.

—Pues eso, Bohr y Heisenberg fueron los autores, en 1927, de la **interpretación de Copenhague**, que se escribió, nada más y nada menos que en...

—... la Universidad de Copenhague, no me digas más —intervino Max, sagaz.

Cromo científico (Heisenberg):

En la Universidad de Copenhague, Heisenberg era alumno de Bohr. Bohr era un gran físico, ya había ganado un Premio Nobel y todo, y Heisenberg estaba aprendiendo de su maestro a gran velocidad. Tanto que en algunas cosas Heisenberg no estaba de acuerdo con su mentor. Fueron sus visiones distintas de la física y sus discusiones las que les permitieron a ambos crecer como científicos y generar grandes descubrimientos.

—Según la interpretación de Copenhague, cuando medimos una partícula, su onda de probabilidad colapsa en uno solo de todos los estados posibles que tiene.

—¿Cuando la medimos? —preguntó Ada muy interesada.

—Efectivamente. Según Bohr y Heisenberg, **es el hecho de medir una partícula utilizando algún aparato de laboratorio lo que genera el colapso**. El aparato influye en la partícula y la hace colapsar.

—¡Claro! —Ada tenía que decir algo—. Si volvemos al caso de la pizza cuántica, el hecho de abrir la caja sería comparable a lo de medir una partícula. Al abrir la caja, la pizza colapsa en su estado «pizza de jamón» o en su estado «pizza de atún».

—¿Y de qué depende que colapse en un estado o en otro? —preguntó Max, que es un poco tiquismiquis con la comida—. A mí el jamón no me gusta, yo quiero siempre la pizza de atún.

—Lo siento, amiguito, la interpretación de Copenhague no intenta explicar «por qué» ocurre; lo asume como un hecho sin más, y sostiene que **el colapso**

en uno u otro estado depende de la probabi~
lidad cuántica.

Si Mórtimer fuese una gata cuántica con cuatro estados superpuestos (recuerda: Hello Kitty, Acongojada, Empanada y TermiGATOr) y cada uno de esos estados tuviera la misma probabilidad de colapsar cada vez que Ada le saca una foto (es decir, cada estado tuviera un 25 % de probabilidad de ser observado), más o menos por cada cuatro fotos que sacásemos a Mórtimer, tendríamos una en cada uno de sus estados.

¿Sabías que...?

Durante la Segunda Guerra Mundial, años después de la redacción de la interpretación de Copenhague, Bohr y Heisenberg acabaron en bandos opuestos, ya que Bohr venía de familia judía y Heisenberg era alemán. Tanto los nazis como los aliados habían empezado una carrera por descubrir y controlar la bomba atómica. El primero en conseguirla, sin duda, ganaría la guerra. Así que los norteamericanos iniciaron el **«Proyecto Manhattan»**, fichando a científicos como Julius Robert Oppenheimer o Niels Bohr, mientras que los nazis iniciaron el **«Proyecto Uranio»**, fichando a científicos como Otto Hahn o

Werner Heisenberg. Los dos equipos de científicos competían por entender la física nuclear y descubrir fenómenos nuevos, pero detrás de todo ello había un fin malévolo, crear una gran bomba para ganar la guerra.

¿Tú qué harías, camarada friki, si estuvieras en el lugar de estos científicos?

La historia de Heisenberg y Bohr es alucinante. Heisenberg sabía que los nazis estaban realizando un auténtico exterminio y no estaba nada de acuerdo con ellos, así que decidió hacer algo. Con premeditación y alevosía, salió de la Alemania nazi y se fue a Copenhague a visitar a su antiguo maestro, Neils Bohr.

¡Heisenberg se estaba jugando la vida! Si le hubieran descubierto teniendo una reunión con un familiar de judíos, le habrían acusado de traición y habría sido fusilado inmediatamente. **Poco se sabe de esa reunión clandestina.** Claro, fue clandestina. Pero se cree que Heisenberg le chivó a Bohr los avances científicos que los nazis habían hecho sobre la bomba atómica y que entre los dos urdieron un plan para que Heisenberg boicoteara los avances científicos nazis, evitando así que consiguieran la bomba antes que los aliados.

Esta reunión se hizo tan famosa que hasta han hecho una obra de teatro. ¿A que no adivinas el nombre? Pues sí: ¡COPENHAGUE! Ya ves, ser científico a veces implica grandes responsabilidades. Heisenberg fue valiente y ayudó a cambiar la historia. ¿Te atreves tú a cambiar el mundo?

INTERPRETACIÓN DE LOS UNIVERSOS PARA~LELOS:

Esta interpretación es, sin duda, la más loca de todas. La formuló un brillante científico llamado Hugh Everett en 1957. Mientras intentaba entender el colapso de la onda de probabilidad en la interpretación de Copenhague, se dio cuenta de que este colapso, en realidad, ¡podría no tener lugar! La onda de probabilidad ¡nunca colapsaría! Según esta interpretación, **en el acto de medir, el universo al completo se desdobla en tantas ramas como estados tenga la super~posición**. En el caso de la pizza, al abrir la caja el universo se desdobla en dos ramas (pizza de atún y pizza de jamón), **¡el universo se separa en dos uni~versos!** Y podrían ser muchos más si la superposición fuese de más estados: de atún, de jamón, carbonara, hawaiana...

—¡Me niego! Odio la pizza hawaiana.

—Tranquilo, Max, ¡es solo un ejemplo! Lo que ocurre no es que colapse la onda de probabilidad, sino que nosotros percibimos el estado que está en la rama que nos ha tocado vivir (esperemos que no sea hawaiana). Eso sí, habrá otra copia de nosotros que perciba lo contrario. ¡Alégrate! En otro universo habrá una copia de ti mismo con la pizza de atún.

En un experimento con una superposición de dos estados, el universo se desdobla en dos ramas que llamamos universos paralelos:

1. En uno la pizza es de atún.
2. En otro la pizza es de jamón.

En todas las ramas hay una copia de todo, nosotros, la caja, la pizza, Saturno, etc. Lo que pasa es que no notamos el desdoblamiento del universo.

PIZZA DE JAMÓN PIZZA DE ATÚN PIZZA HAWAIANA PIZZA CARBONARA

¿EN QUÉ UNIVERSO TE MOLARÍA ESTAR?

Lo importante aquí es que, en la interpretación de los universos paralelos de Everett, cada rama separada del universo, potencialmente infinita, no interactúa nunca jamás con el resto de ramas del mismo. Una vez separadas, nunca más vuelven a encontrarse, por eso es que los llamamos «paralelos». DIGAN LO QUE DIGAN LAS PELÍCULAS DE CIENCIA FICCIÓN.

En esta ocasión, si Ada le saca una foto a la gata, se crearían cuatro universos paralelos y en cada uno de ellos Mórtimer estaría en un estado distinto.

ADA: Entonces creo que ya está claro lo que ha pasado. Max, tú dices que Mórtimer no puede haber rasgado las cortinas porque estaba acicalándose en tu habitación. En el momento en el que esa gata entró en tu habitación, un *segundo* estado de Mórtimer en un **universo paralelo** comenzó a destrozar las cortinas.

MAX: Pero, Ada, eso no es posible porque las cortinas destrozadas las vemos en nuestro universo. TermiGATOr habría roto las cortinas en un universo paralelo, no en el nuestro.

ADA: ¿No te das cuenta, Max? **Estamos ante un claro caso de interconexión entre universos.** En el punto en el que Mórtimer entra en tu habitación, se crea un universo paralelo en el que Mórtimer entra en el salón. Así, al mismo tiempo, pero en dos universos distintos, Mórtimer *se acicala* en tu habitación y *destroza* las cortinas del salón. Sin embargo, en algún momento, esos universos dejan de ser paralelos y pasan a ser perpendiculares. ¡Ese es nuestro gran descubrimiento, Max! ¡Universos perpendiculares! Así, en una misma fracción de tiempo, Mórtimer TermiGATOr pasó a ser parte de nuestra realidad y por eso vemos el efecto que dejó, las cortinas destrozadas.

MAX: Ada, creo que se te está yendo la olla... Eso no es posible. Recuerda lo que nos acaba de explicar Sigma. La teoría de los universos paralelos de Everett dice que la onda de probabilidad puede ramificarse para dar lugar a universos paralelos. ¡Paralelos, so lela! Que nunca interactúan.

ADA: No han interactuado hasta ahora porque nadie conocía una gata cuántica, ¡pero ha pasado, Max, es la única explicación que existe!

¿PODRÍA MÓRTIMER SALTAR DE UN UNIVERSO A OTRO?

Ada parece haber creado una nueva teoría, la del salto de un universo a otro. Podríamos, por lo tanto, interactuar en distintos universos ¡y podríamos también interaccionar con nosotros mismos! Mórtimer en estado TermiGATOr podría cruzarse con Mórtimer empanada... No sería un encuentro muy satisfactorio, la verdad.

CREATIVIDAD CUÁNTICA:

¿Qué harías si pudieras saltar de un universo a otro?

1. ¿Chivarte las respuestas del examen de mates?
2. ¿Asaltar todas las tiendas de chuches de tu barrio y llevártelas a tu universo?

3. ....
4. ....
5. ....
6. ....

Sin embargo, hasta hoy parece que no es posible el salto entre universos, si es que existen. Además, ¿quién ha visto un gato en superposición? Eso solo puede ocurrir con partículas, o pequeños grupos de partículas, no con gatos. Ante el fenómeno de las cortinas rasgadas, hay que buscar otra explicación.

—¡Pero, Sigma! ¿Se puede saber qué estás haciendo? —preguntó Max.

Sigma estaba arañando fuertemente las cortinas del salón.

—¿Has sido tú el que ha creado todo este destrozo? ¿Eres tú el que araña las cortinas?

Sigma se paró y miró a Ada y Max, que le aguantaban la vista atónitos.

—Sí, efectivamente he sido yo. Necesito abrillantarme las finas capas de queratina de mis láminas ungueales.

—¿Quéeeee? —gritó Ada.

—Que parece que a Sigma le gusta limarse las uñas con nuestras cortinas, Ada.

—Pero no os preocupéis, chicos. El hecho de que creyeseis que era Mórtimer el culpable de la catástrofe ha hecho que vuestro conocimiento sobre cuántica se amplíe, ha hecho que seáis capaces de imaginar universos paralelos e incluso de formular nuevas teorías, como la de Ada de los universos perpendiculares.

—**Te juro que lo mato...** —susurró Ada a Max.

—Y ahora he de dejar esta casa, tengo que dar una importante charla en la universidad sobre dualidad onda-partícula. Me voy con mis uñas abrillantadas y me llevo también tu balón de fútbol, Ada. Les haré elegir equipo.

EXCUSAS CUÁNTICAS:

Vas a clase y se te ha olvidado hacer el trabajo de física que te pidió el profe. Respondes que, desafortunadamente, te ha tocado estar en el universo donde no has hecho el trabajo. Pero afortunadamente hay otro universo en el que sí has hecho el trabajo y en el que se lo estás dando en este preciso momento al profe. Añades que te ha puesto un 10, por si hubiese alguna duda.

Es la hora de tu paga, pero resulta que, como no has sacado la basura y el reciclaje, esta semana no cobras. Evidentemente —argumentas muy convencido—, se ha dado un caso de superposición, y hay al menos 9 universos paralelos en los que has separado selectivamente y tirado al contenedor correspondiente el papel, el vidrio, la fracción orgánica, los envases PET, los HDPE, los tetrabriks y hasta las cacas del gato (qué asco). Claramente, mereces paga doble. Lo malo es que te la den en otro universo paralelo.

Capítulo 4:
PRINCIPIO DE INCERTIDUMBRE

Parecía que esa mañana a Mórtimer le apetecía tener algo más de interacción con los humanos. Estaba irreconocible. Se restregaba contra las piernas, vomitaba bolas de pelo sin ningún decoro, se ponía sobre los libros que leía Ada y cerraba la pantalla del ordenador de Max. Un desastre. Así que Ada, aprovechando la situación de «acercamiento gatuno», se hizo con la gata y la encerró en el baño. Estaba leyendo la última novela de R.R. Collins, *Los Juegos del Anillo*, y estaba tan metida en la trama que no quería que nada la molestase.

Mientras, Max parecía completamente indiferente a Ada. Cuando jugaba con sus videojuegos, ya podía derrumbarse el mundo que él ni se enteraba, como si estuviera en una cápsula flotando en medio del universo. Además tenía la manía de hacer muchos ruidos con la boca y unas muecas muy raras de las que Ada siempre se burlaba.

—¡Párate ya con eso, Max, me desconcentras y **la portadora del anillo está a punto de llegar a Panem**! —gritó Ada. A Max le había dado por hacer el ruido de la motocicleta que ahora estaba pilotando.

—Ya sabes que no puedo evitarlo, Ada. Es como si te pido que dejes de respi...

Max no pudo acabar la frase, se quedó mudo mirando a la ventana y el mando se le cayó de las manos, haciendo volar su motocicleta por los aires.

—**¿Qué pasa?** Parece que has visto un fantasma...

—¿Tú no habías encerrado a Mórtimer?

Ada se levantó como un resorte de la silla y se puso al lado de Max mirando por la ventana. La gata estaba tranquilamente sentada en una rama en un árbol a un par de metros de la casa.

—**¿Cómo ha podido llegar hasta ahí?** ¡Me tiene hasta el gorro! —dijo Ada, indignada.

—Los gatos no atraviesan paredes, Ada, eso ya lo hemos hablado. ¿Encerraste a Mórtimer con llave?

—Sí, le di dos vueltas a la llave. Pero, un momento... **¡Esa gata no es Mórtimer!**

Max miró a Ada con cara de ser todo oídos.

—Mórtimer es negra con una cicatriz sobre el ojo derecho. Este gato también es negro, pero con la cicatriz sobre el ojo izquierdo. ¿No te das cuenta, Max? No es Mórtimer, **es anti~Mórtimer**, ¡es su imagen contraria!

Max suspiró y se tapó la cara con las manos.

—¿Pero qué tontería te ha entrado esta vez en la cabeza?

—¿No recuerdas lo de la antimateria?

—He leído mucho sobre antimateria, Ada, pero nunca oí nada de un gato de antimateria —dijo Max poco convencido.

El gato bajó de la rama y desapareció de la escena dejando a los dos niños discutiendo solos.

Cromo científico (Paul Dirac):

En 1930 **Paul Dirac** estaba jugando con unas ecuaciones (sí, los científicos se divierten mucho haciendo su trabajo) cuando **descubrió que el universo tenía que ser mucho más rico en partículas de lo que entonces se pensaba**. Las ecuaciones predijeron que, además de los conocidos electrón, protón y neutrón, debían existir también sus hermanos gemelos: **antielectrón**, **antiprotón** y **antineutrón**. Es cierto que con estos nombres podrían parecer partículas malignas o algo así, pero no es el caso. Se trata de partículas iguales a las otras pero con carga eléctrica contraria. Como bien sabes, en ciencia no vale con decir las cosas, hace falta una demostración. Y esta llegó un par de años más tarde.

En 1932, Carl David Anderson encontró, por casualidad, el antielectrón, confirmando la extraña teoría de Dirac de las antipartículas.

ADA: Igual... a la vez que surgió nuestra Mórtimer hecho de materia, también apareció un anti-Mórtimer..., pero hecho completamente de antimateria. Por eso tiene la cicatriz al otro lado: es su antimagen.

MAX: A ver, Ada, las parejas de partículas-antipartículas se crean en el vacío del universo, no en los jardines de tía Saturnina. Además, solo viven unas fracciones de segundo mínimas antes de desaparecer.

ADA: Y si viven tan poco tiempo, ¿cómo sabemos que existen?

SIGMA: Porque las hemos medido, como yo mido lo largo que es un sofá o la temperatura de la leche que bebe Mórtimer.

MAX: ¿Y para medir la temperatura de la leche tienes que meter el dedo gordo del pie dentro del plato de comida de Mórtimer?

SIGMA: Es un método infalible.

ADA: Eres un pelín peculiar, Sigma. ¿Te lo han dicho alguna vez?

Ojo al dato friki 

Para poder cuantificar el mundo, asignamos números a las propiedades de las cosas (longitud, volumen, peso, velocidad...) para poder así definir lo mucho o lo poco que tenemos. De ese modo, podemos **MEDIR** la energía, la velocidad o las distancias. Eso sí, ¿un metro en España mide lo mismo que en Francia o Brasil? Sí, porque la definición de metro es universal: es la distancia que recorre la luz en el vacío en un intervalo de 1/299. 792. 458 de segundo, y esta medida es la misma en cualquier parte del universo. La **Oficina Internacional de Pesos y Medidas**, en París, se encarga de la definición de las unidades de medida. Allí históricamente se guardan los patrones físicos de cada medida que se usaron inicialmente: una barra que mide un metro (tal como estaba definido inicialmente, ligeramente distinto de la definición

actual) y que servía de referencia de medidas de longitud; un peso de un kilogramo, que todavía hoy en día sirve de patrón (aunque pronto será sustituido); etc. Qué lío sería que un metro no fuera igual en todas las ciudades, ¿verdad?

Esto de medir cosas es estupendo si quieres saber cuánto mide tu pelo… Tomas una regla y lo sabes; si quieres saber cuánto tardas en decir supercalifragilisticoespialidoso… pues con un cronómetro; o si quieres saber cuánto pesa Mórtimer…, ahí usas una báscula. Pero… ¿qué harías si quieres medir lo que pesa un átomo? ¿O la distancia entre la Tierra y el Sol? ¿O el tiempo que tarda un rayo de luz en llegar de la linterna a la pared? ¿A que ahora no es tan fácil? Porque no vas a crear una regla de tamaño gigantesco que llegue desde la Tierra hasta el Sol, ¿verdad? **Hay que usar el ingenio.** Por eso la ciencia es tan fascinante.

¡Experimento Low Cost!

¿Se te ocurre alguna forma de medir la altura de una farola sin tocarla ni subirte a ella? Se puede hacer con un metro si usas tu coco. Una pista... Se tiene que hacer en un día con sol. Piensa, piensa...

Solución:

Los objetos forman una sombra que depende del momento del día, del día del año y del tamaño del objeto. Lo que podemos hacer es medir la sombra que hace algo más pequeño que la farola, por ejemplo una escoba. Luego medimos la altura de la escoba y la comparamos con su sombra. Podría ser, por ejemplo, que la sombra de la escoba sea la mitad del tamaño de la propia escoba. Entonces, cualquier cosa en ese mismo momento del día y en ese mismo lugar hace una sombra que es la mitad de su tamaño.

¡Ya lo tenemos! No hay más que medir la sombra de la farola. Si la sombra es de 2 metros, sabemos que la farola tiene que ser el doble, es decir, 4 metros. Si la sombra de un cartel es de 3 metros, el cartel mide 6 metros. Podemos medir cualquier cosa. Pero, ojo, **recuerda, ¡solo vale en el mismo lugar y a la misma hora!**

Ahora sal a la calle y hazlo, verás cómo cambia tu mundo. ¿No te parece maravilloso? Pues científicos de todas partes del planeta han usado fórmulas tanto o más ingeniosas que la anterior para medir cosas tan complicadas como la distancia a otras galaxias o el tiempo que tarda un átomo en desintegrarse.

EL PRINCIPIO DE INCERTIDUMBRE

Ahora que somos expertos en medidas, podemos dar un paso más. Volvamos a la medida más simple de todas: vamos a medir la longitud de una mesa. Max, toma la cinta métrica, pones un extremo, el otro... ¡y lo tienes! Mide 1 metro y 23 centímetros. Pero habrás notado una dificultad: el metro se nos mueve un poquito y nos cuesta ver exactamente cuál es el valor. Además, nuestra cinta solo tiene las rayitas de los milímetros, pero queremos ser más precisos... ¿Es 1,23 exactamente? ¿O es un valor cercano como 1,229 o 1,231 o...? ¿Cuál elijo? ¡Qué misterio!

Tranquilo, no hay que volverse loco: esto ya le pasó a otros científicos antes que a nosotros y han encontrado una solución. Más o menos. No existe la medida perfecta ni el valor correcto y único. Lo máximo que podemos conseguir es un valor aproximado y... su **incertidum~ bre**. ¿Qué es esto? Pues **es el rango de valores entre los que dudamos**. Por ejemplo, en el caso de la mesa, medí 1,23 metros, pero realmente podría ser 1,229 o 1,231 o cualquier valor entre ellos como 1,2293423343 o 1,2309838239... Cualquiera de los infinitos números que hay entre 1,229 y 1,231 nos vale como medida. Así que un físico no diría «la mesa mide 1,23», sino «la mesa mide entre 1,229 y 1,231» o, mejor, «la mesa mide 1,23 más o menos 1 milímetro». Nuestra incertidumbre es de un milímetro. ¿Se podría mejorar? Pues sí. En vez de usar una cinta métrica, podrías usar un láser y medir de forma más precisa, bajando la incertidumbre. Pero... **¿hasta qué punto podrías bajar esa incertidumbre?**

Ay, chicos, el principio de incertidumbre es uno de los principios más sorprendentes, más chispeantes y centelleantes de la mecánica cuántica, así que primero refrescaos la cara, soltaos el tupé y agarraos bien al vértigo, porque lo que os voy a contar es demoledor, ¡demoledor!

Sigma se echa una botella de agua por la cara, con extremo cuidado de que ni una gota toque su tupé, saca bíceps y se prepara para la explicación.

El principio de incertidumbre de Werner Heisenberg dice que es imposible conocer con precisión infinita y a la vez la posición y velocidad de una partícula, como un electrón. No importa lo que te esfuerces en hacer el instrumento de medida, las horas que pases preparando el experimento, el buen ojo que tengas...
Cuanto mejor es tu medida de la posición, peor es la de la velocidad. Si quieres mejorar la velocidad, empeoras la posición. El principio de incertidumbre es algo que no se puede evitar.

DETALLE RETO CUÁNTICO: Creo que lo pillo. Es como el cubo de Rubik, ¿lo habéis intentado alguna vez? Pillas una cara, la quieres dejar en verde y... ya casi lo tienes. Ahora vas a por la roja, ¡qué bien que lo estás consiguiendo! Pero, oh, oh... Cuando miras, al arreglar la roja, ¡has fastidiado la verde! ¡Qué difícil es hacer las dos bien a la vez! Pues en cuántica no es difícil, ¡es imposible!

¡Qué dura es la física cuántica!

Ada suspiró.

—Vaya, con tanta cháchara cuántica anti-Mórtimer se ha esfumado. Ya no está en la rama del árbol. Hay que encontrarla y demostrarle al mundo que hemos descubierto el primer felino completamente hecho de antimateria. ¿Por dónde empezamos a buscar? **A ver, Max, ¿qué les gusta a los gatos?**

—Mmmm... ¡Las cajas!

—Vale, a los gatos les gusta estar en cajas... ¿Pero qué más les gusta?

—¿Los ratones? —dijo, poco convencido.

—**¡Cazar!** Si queremos encontrar al anti-Mórtimer salvaje tendremos que ir de caza, de safari —dijo riendo.

Ada tomó su cámara de vídeo GoPro en una mano, el brazo de Max en la otra con la misma fuerza (mucha), y salió por el pasillo.

Lo de ir de safari iba en serio: Max no podía ni pisar una hoja seca que ya tenía a Ada roja de ira diciendo: «¡Tssssssssss!» con un dedo en la boca. Iban por un pequeño bosque, césped y árboles, donde más allá de los efectos del viento no se oía ni movía nada. Se arrastraban sigilosamente como buscando un tigre, un león ¡o un Tyrannosaurus Rex! Ada tenía tanta imaginación que cualquier cosa era posible en su cabeza.

Fue Max quien vio la gata y, en efecto, estaba cazando; o eso parecía.

—¡Hemos cazado al cazador! —dijo, orgulloso.

—¡Tsssssss! ¡Estoy segura de que ese no es **Mórtimer**!

Ciertamente, no era Mórtimer, pero se parecía tanto que había que mirar pelo por pelo para diferenciarlo. Si no fuera por esa cicatriz sobre el ojo izquierdo en vez del derecho...

Ada ya estaba en posición, tumbada sobre el césped, cámara de vídeo en mano y objetivo apuntando al gato... o antigato. Ni respiraba, totalmente concentrada, lista para filmar todo aquello que osase moverse delante de ella. De repente, el gato salió disparado y Ada, como si le ardiera la cámara en la mano, empezó a perseguirlo de un lado al otro, la cámara barría todo el espacio a derecha e izquierda y Ada como loca tomaba fotogramas de cada fracción de segundo. Max no se atrevía a abrir la boca mientras veía el extraño comportamiento de su prima.

—¿Se puede saber qué te ha picado? —dijo Max cuando vio que el gato había desaparecido.

—Estoy desafiando a la cuántica —respondió Ada orgullosa.

El silencio posterior de Max era señal de que esperaba algo más.

ADA: **Según el principio de incertidumbre de Heisenberg, no se puede saber a la vez la posición y velocidad de algo,** porque cuando mides una cosa, estropeas la otra. Yo voy más allá de la cuántica, grabando en vídeo a anti-Mórtimer por todas partes y desde muchos ángulos. Así puedo calcular su posición y al mismo tiempo puedo saber la velocidad a la que va. ¡Jaque mate a la cuántica!

MAX: Ada, los efectos cuánticos, como el principio de incertidumbre, solo se notan en sistemas atómicos. En un gato no se nota el principio de incertidumbre. —A Max no le gustaba hacer de abogado del diablo, pero a veces no quedaba más remedio.

ADA: Somos cuánticos, Max, recuerda todo lo que estamos aprendiendo con Sigma. Estamos hechos de neutrones, protones y electrones.

MAX: Y también de fotones, si te parece... Ada, se está haciendo de noche ya. Vamos a dejar que ese gato cace tranquilo antes de que esto se llene de sombras horribles...

Warning cuántico: 

El principio de incertidumbre no lo nota~ mos en el día a día porque solo tiene efec~ tos significativos a escalas muy pequeñas. Podemos entender por qué si observamos detenidamente la fórmula que lo describe. ¿Estás preparado? Ahí la tienes:

$$\Delta x \Delta p \geq h/2\pi$$

¿Cómo se te ha quedado el cuerpo? Mínimo destemplado, aunque a mí la primera vez que vi esta cosa se me puso el peroné de sombrero. Pero no te preocupes, si vamos paso a paso, se entiende muy bien.

Ojo al dato friki 

Lo que ves en el principio de incertidumbre no es una ecuación, sino una inecuación que está marcada con el símbolo ≥. Y se lee: «mayor o igual que». Tranquilo, vaquero, más adelante veremos para qué sirve y lo importante que es.

Ada y Max habían vuelto a casa de la tía Saturnina tras finalizar su safari. Estaban sentados en el sofá, dándole vueltas al principio de incertidumbre y ni se habían dado cuenta de que Sigma estaba sentado en una silla junto a ellos.

Sigma sacó de su bolsillo de la bata un gorrito de Papá Noel de lo más ridículo y se lo puso mientras cantaba *Jingle Bells*. Ada y Max pararon la discusión, le miraron y sintieron una profunda vergüenza ajena a la que empezaban a acostumbrarse.

De repente, Sigma dijo:

—**¡Cuántos comensales hay en Navidad en mi casa!** ¿Dónde los pondré a comer? Necesito una buena mesa. Y la quiero rectangular. Me da igual el color, el material, la altura... Solo les voy a pedir una cosa. Es la mesa que usamos en casa para las cenas de Navidad, cuando vienen mis cuñados, mi suegra y demás gente que nunca he visto en mi vida, así que tiene que ser **grande**. He hecho cálculos porque soy científico, y bien guapo, y solo les voy a poner una condición: **su superficie tiene que ser mayor de 25 metros cuadrados.**

—Chicos, ¡construid mi mesa!

—¡Sí, hombre! —resopló Ada—. Arriesgarme a llevarme un dedo con la sierra motorizada para que luego no nos invites a cenar...

—Ada, creo que solo quiere que hagamos los cálculos —dijo Max—. Mira lo que nos da:

> La superficie de una mesa rectangular se calcula como uno de los lados, A, multiplicado por el otro, B. Y los lados no pueden ser menores de 1 metro.

Lo que Sigma nos está pidiendo es algo así como:
$$A\times B\geq 25m^2$$

Si decidimos que un lado mide 3 metros..., ¿el otro puede ser de 4? Pues 3 por 4 son 12, que es menor de 25. O sea, no. ¿Pues de 5 metros? Tampoco porque 3 por 5 son 15, menor de 25. Vamos a tener que hacer ese lado como poco de 9 metros para que 3 por 9, que son 27, sea mayor de 25. ¿Y qué pasa si decido hacerla de 2 metros en vez de 3? Pues que el otro no vale con que sea de 9, va a tener que ser mayor... Tiene que ser de 13. **Cuanto más pequeño es un lado, más grande tiene que ser el otro.**

Lado A (m)	Lado B (m)	Superficie (m^2)
3 m	9 m	27 m^2
2 m	13 m	26 m^2
1 m	25 m	25 m^2

—Aquí tienes tres posibles soluciones, Sigma —dijo Max—. Ya no tendrás problemas en Navi... ¡¿Pero qué?! ¿Qué hace Sigma vestido de señora?

SIGMA: Hola, chicos, quiero una mesa. Y la quiero rectangular. Me da igual el color, el material, la altura... Solo os voy a pedir una condición. **Su superficie tiene que ser mayor de 25 milímetros cuadrados. Y recordad que los lados no pueden medir menos de 1 metro.**

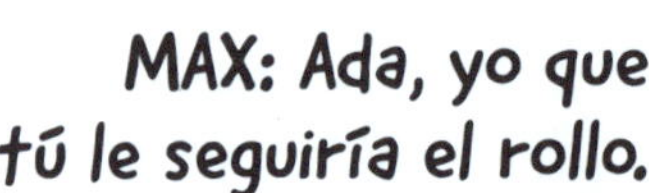

ADA: Vale, vale. ¡Es fácil que mida más de 25 milímetros! Podríamos tener una mesa de 1 metro por 3 metros, 1 metro por 2 metros, 1 metro por 1 metro... Cualquiera que sea nuestra elección es buena, **la elección de un lado no afecta al otro**. Al ser tan pequeña la condición de Sigma, bueno, o de esta señora, ni se nota.

Ojo al dato friki 

¿Os habéis fijado en que la condición de esta mesa se parece mucho al principio de incertidumbre? Una inecuación como la del principio de incertidumbre ($\Delta x \Delta p \geq h/2\pi$) solo afecta cuando las cantidades de la izquierda ($\Delta x \Delta p$) son similares a lo de la derecha, **$h/2\pi$**.

¡Ja! ¡Lo vamos entendiendo!

Y ahora que sabemos lo que es una inecuación y la importancia de que, en el caso del principio de incertidumbre, los términos a ambos lados de ≥ sean parecidos, vamos a ver cómo se calculan $\Delta x \Delta p$ y $h/2\pi$.

Imaginemos a Ada con su bicicleta en el circuito de Skate. Max, con sus instrumentos de medida, quiere conocer la posición exacta en que Ada toca el suelo después de un salto, además de su velocidad. ¡Todo a la vez, porque Max está muy loco!

$$\boxed{\Delta x}\ \boxed{\Delta p} \geq h/2\pi$$

Incertidumbre de la posición

Incertidumbre del momento lineal

Si aplicamos la ecuación anterior, Δx **representa la incertidumbre en la posición**. En este caso, si Max utiliza la misma cinta métrica que ha usado antes Sigma para medir la mesa, su incertidumbre será de ±1 milímetro. Eso, en metros, se traduce como ±0,001 metros.

Y Δp es la incertidumbre del momento lineal. Suena raro, ¿verdad? Pero es muy fácil de definir. Para un cuerpo glorioso y compuesto como el de Ada y su bicicleta, el momento lineal es su masa (vamos, lo que pesan Ada + la bici) multiplicada por su velocidad.

Imagínate los **65** kilos de masa de Ada y su bici, que Max habrá medido con la báscula del baño de la tía Saturnina, impactando contra el suelo **a una velocidad de unos 7 metros por segundo**.

Ada tendrá un momento lineal de 65 kg × 7 m/s, es decir de 455 kg × m/s. Ahora imaginamos que Max es tan bueno midiendo que solo comete un error de un 1 %, es decir, que su incertidumbre es de 4,55 kg × m/s.

Ya podemos calcular la parte de la izquierda de nuestra inecuación:

$$\Delta x \Delta p = 0,001 \text{ m} \times 4,55 \text{ kg m/s} =$$
$$0,00455 \text{ kg} \times \text{m}^2/\text{s}$$

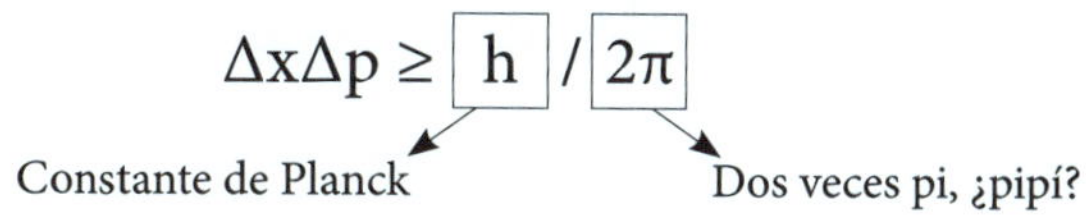

$$\Delta x \Delta p \geq \boxed{h} / \boxed{2\pi}$$

Constante de Planck   Dos veces pi, ¿pipí?

¿Todavía no te has despeinado? Pues agárrate al vértigo, que seguimos. El principio de incertidumbre nos dice que $\Delta x \Delta p$ tiene que ser mayor o igual (recuerda, inecuación $\geq$) que una cantidad que es h, la constante de Planck, dividida entre el doble de pi. ¿Y cuánto vale h? Pues muy poco. Pero muy muy poco. Muy muy muy muy muy poco: h vale $6,62606957 \times 10^{-34}$ kg $\times$ m^2/s. Si esto lo mostramos sin la notación científica (el $\times 10^{-34}$) sería algo más o menos así: 0,00000000000000000000000000000000 00662606957 kg × m²/s.

¡Recuerda!:

Solo cuando $\Delta x \Delta p$ es muy muy muy parecido a h/2π, solo entonces, el efecto del principio de incertidumbre es relevante.

Así que ¿crees que el $\Delta x \Delta p = 0,00455$ kg × m^2/s de Ada y su bici es parecido al 0,000000000000000000000000000 00000105456925 kg × m^2/s de h/2π?

¡CLARO QUE NO! Solo tienes que ver los ceros de diferencia...

Es por esto mismo que nosotros no notamos el principio de incertidumbre. Sus efectos se notan en el mundo de las partículas, donde las distancias son medidas del orden de 0,0000000001 m y los momentos lineales algo así como 0,00000000000000000004 kg x m^2/s. Es decir, MUY MUY MUY PEQUEÑAS.

Y es en ese mundo de las partículas donde para que $\Delta x \Delta p$ sea igual o más grande que h/2π:

- si Δx se hace más pequeño, Δp debe hacerse más grande,
- y si Δx se hace más grande, Δp debe hacerse más pequeño, como ocurría con la mesa de miss Sigma.

Por eso, a nivel cuántico, cuanto más precisos somos en la medida de la posición, menos precisos somos con el momento lineal, y al revés. Para el resto de situaciones, como la de Mórtimer, anti-Mórtimer y el minisafari de Ada y Max, es como si el principio de incertidumbre no existiera.

—¡Vaya! Entonces no hay forma de romper la cuántica con esto de los vídeos de la GoPro —dijo Ada algo fastidiada en el sofá—. La idea de desafiar la cuántica midiendo exactamente posición y momento lineal de un mamífero formado por antimateria me había **entusiasmado**.

—Al menos con estos vídeos no rompemos nada más que las retinas del que los mira —reconoció Max, escudriñando los vídeos con la cámara—. **Están totalmente movidos, no se ve nada.** Además, no existe posibilidad de que un anti-Mórtimer se forme. El principio de incertidumbre de Heisenberg también lo prohíbe —explicó Sigma, que ahora tenía un espejo en cada mano y comprobaba desde qué lado se veía mejor su peinado. Ada resopló.

—Pues yo estoy convencida de la existencia de **un anti-Mórtimer formado por antimateria.** Lo vi con mis propios ojos.

—Ante una afirmación así de categórica, solo veo una solución... —Sigma se arregló el tupé, se chupó los dedos índice y meñique y los usó para peinarse las cejas, se subió los pantalones casi hasta el sobaco, apartó de un golpe todo lo que había en la mesita de al lado del sofá y se subió en ella para regalarle a Ada y Max otra genial explicación.

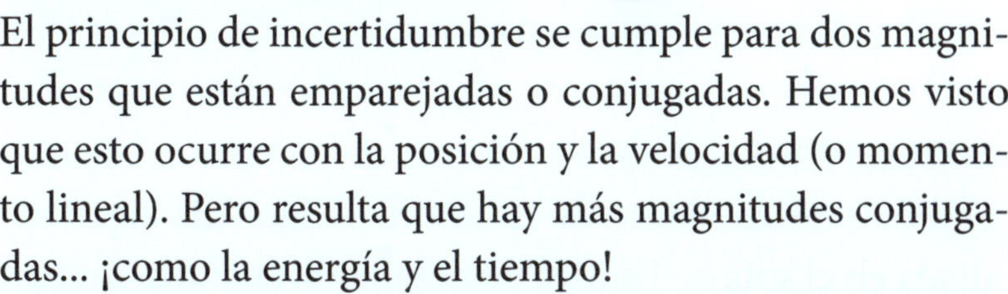

MOMENTO SIGMA: PARTÍCULAS VIRTUALES

El principio de incertidumbre se cumple para dos magnitudes que están emparejadas o conjugadas. Hemos visto que esto ocurre con la posición y la velocidad (o momento lineal). Pero resulta que hay más magnitudes conjugadas... ¡como la energía y el tiempo!

Así que durante un tiempo muy muy muy muy pequeño hay una incertidumbre en la energía. Eso, traducido

al lenguaje humano, significa que **para tiempos muy cortos, en el vacío del espacio se puede crear energía de la nada**. ¿Y qué pasa con esa energía? Pues que da lugar a parejas de partículas y antipartículas. Esas partículas son lo que llamamos **partículas virtua~les**, porque **existen por un tiempo muy muy muy pequeño hasta que se aniquilan mutuamente y desaparecen**. Es tan rápido que nunca nadie las ha visto, pero sabemos que están ahí, ¡porque podemos medirlas! Así que el universo está todo el tiempo creando partículas y antipartículas, de la nada, del propio espacio vacío, gracias al principio de incertidumbre.

Warning cuántico: 

Si la creación de partículas en el universo siempre genera su par de antipartículas, y estas están destinadas a destruirse mutuamente... ¿De dónde han salido las partículas que ahora forman nuestros cuerpos, nuestras casas, nuestros Pokémons?

¿Dónde están sus antipartículas?

¿Por qué no se aniquilaron y desaparecieron en el momento de su creación?

Este es UNO DE LOS MAYORES MISTERIOS DE LA CIENCIA y hasta ahora nadie ha sido capaz de explicarlo. Esperemos que algún día surja alguien capaz de hacerlo. Podrías ser tú...

ADA: ¡Abracadabra... pata de cabra!
¡He sacado un conejo de la chistera!

**MAX: ¡Ese conejo ya estaba ahí!
El sombrero tiene doble fondo y
de ahí lo has sacado.**

ADA: No, es un conejo que he sacado del vacío,
gracias al principio de incertidumbre.

**MAX: ¡No, Ada! Has hecho un truco, del vacío
puede salir un protón y su antiprotón,
un electrón y su antielectrón..., ¡pero no
todo un conejo! En un conejo hay demasiadas
partículas, es imposible que eso ocurra.**

ADA: ¿Entonces no es un conejo virtual?

**MAX: No, Ada, es un conejo muy real,
mira cómo come lechuga...**

LA ANTIMATERIA:

Si solo hubiera protones, neutrones y electrones en el mundo, ¡qué aburrido sería para un físico! Por suerte tenemos muchas más partículas... como las de antimateria.

Las antipartículas son partículas gemelas a las que conocemos, exactamente iguales pero con carga contraria. Entonces si un electrón tiene carga eléctrica negativa..., un antielectrón tendrá carga eléctrica positiva, y será por lo demás igual que él. En un alarde de originalidad, al antielectrón lo llamamos positrón. Y si el protón tiene carga eléctrica positiva, el antiprotón la tendrá negativa. Pero lo más impresionante es que cuando una partícula se encuentra con su antipartícula... ¡PUUUUUUUUM-MMMM! Desaparecen en una gran explosión. Partículas y antipartículas se crean juntas y se destruyen juntas, son gemelos de materia destinados a destruirse.

Si materia y antimateria son similares, entonces **¿un positrón puede orbitar un antiprotón y formar un antiátomo? Pues sí.** Los científicos han conseguido crear antiátomos de antihidrógeno en el laboratorio de física de partículas más grande del mundo, el CERN (la Orga-

nización Europea para la Investigación Nuclear). Fue en 1996, y para ello hubo que mantener al átomo de antihidrógeno levitando en el vacío con campos magnéticos, porque si toca cualquier cosa... ¡PUUUUUUUMMMM!

¡Experimento High Cost! 

Necesitas: un recipiente de plástico, como una pecera, una plancha de metal con hendiduras donde encaje bien la pecera, una caja grande, un trapo, alcohol, una linterna y hielo seco.

Coloca alcohol en la hendidura de la plancha y en el trapo. Pega el trapo al fondo de la pecera y encájala en la plancha. Pon hielo seco en la caja grande y encima coloca la plancha con la pecera. Ahora espera un poco, se formará una niebla en el fondo de tu dispositivo. Ahora apaga la luz y enciende la linterna. Mira en la parte baja de la pecera, cerca de la placa de metal. Si lo has hecho bien y miras con cuidado..., verás rayos atravesando tu experimento. ¡Son partículas!

El frío del hielo seco deja el vapor en un estado metaestable: al mínimo efecto pasará de gas a líquido. Cualquier partícula que pase por ahí hará que se formen gotitas, un camino de gotas similar a la traza que deja un avión en el aire. **Estamos viendo pasar partículas, y lo mejor de todo: algunas de ellas son antipartículas.**

Has creado una **cámara de niebla**, como la que usaron Carl Anderson y Robert Millikan en 1932 en Caltech, el Instituto de Tecnología de California, en Estados Unidos, para descubrir el positrón. Eso sí, lo descubrieron por casualidad, vamos, sin querer encontrarlo. Luego se llevaron el Premio Nobel. Si es que hay gente con suerte...

Además, la antimateria es el material más caro del mundo. Se crea gracias a grandes colisionadores de partículas y mucha tecnología. Un miligramo de antihidrógeno tiene un coste de unos diez millones de euros y para producir un gramo, además de necesitar diez mil millones de euros, tardaríamos cien mil millones de años.

¡Max! ¿Te das cuenta? Con antimateria podríamos formar no solo antihidrógeno, sino también antihelio, anticarbono, antioxígeno, antioro... y cualquier compuesto como antiagua, antisal, antimetano... En algún lugar del universo podría haber antilagos con antiagua, antipeces, antipizza de A-JA... ¡incluso un anti-Max!

Warning cuántico: 

Si te encuentras con tu antiyó, ni se te ocurra darle la mano, no olvides que materia y antimateria... ¡PUUUUUUMMMMM!

APLICACIONES DE LA ANTIMATERIA

Cuando materia y antimateria se encuentran... ¡¡PUUUUUMMMM!! Ambas desaparecen transformándose en energía. **La explosión a la que da lugar este encuentro fatal de materia y antimateria es inigualable**; ni la gasolina ni la pólvora ni las bombas atómicas pueden producir nada parecido. ¿Te imaginas la cantidad de cosas que se podrían hacer con algo así?

Bomba de antimateria

Pues sí, la aplicación más fácil de imaginar es la peor de todas: para hacer la guerra. Tiene un poder destructivo mil veces mayor que la más potente bomba nuclear. ¡Con un boli de antimateria podrías producir una explosión mucho mayor que la de las bombas de Hiroshima y Nagasaki juntas! Por suerte, nadie se ha hecho con nada tan destructivo, pero ¿te imaginas lo horrible que sería en manos de alguien tan malvado como Darth Vader? Mientras tanto, si tienes un boli de antimateria, no muerdas la tapa.

Combustible

Claro, tanta energía nos podría servir para hacer coches superrápidos, trenes que literalmente vuelen... Porque la antimateria desprende un millón de veces más energía que la combustión de gasolina o carbón. Ahora... ¿tú irías tranquilo en un coche que llevara dentro antimateria? Al mínimo choque... ¡PUUUUUMMMM!

Aunque para transporte terrestre sería demasiado peligroso..., sí podría servir en la Tierra para alimentar ciudades submarinas. Has leído bien, ciudades bajo el mar, ¡completamente sumergidas! Sería como Bob Esponja, pero, eso sí, yo al menos no viviría en una piña.

Para viajes espaciales

Con una nave espacial que se mueva con antimateria se haría realidad el turismo espacial. Permitiría alcanzar velocidades entre un 10 % y un 50 % de la velocidad de la luz, con lo que se podría viajar por el sistema solar como hoy vamos de Madrid a Barcelona. Es más, con suficiente antimateria, sería posible viajar por la galaxia permitiendo visitar otros planetas u otras estrellas.

En hospitales

No todas son aplicaciones futuristas. La antimateria se usa ya en hospitales para hacer escáneres en busca de tumores, con una técnica que se llama PET (Tomografía por Emisión de Positrones). Mientras que la colisión de algunos gramos de antimateria podría partir la Tierra en dos, la aniquilación de dos partículas apenas produce daño (¡ni se nota!) y nos puede ayudar a buscar tumores. Por si fuera poco, en un futuro próximo podrá servir para destruir tumores en zonas delicadas, por ejemplo en el cerebro. ¡Y esto ya está en investigación!

Ya era noche cerrada, pero el jardín de la tía Saturnina siempre estaba iluminado por una gran farola horrible que se encendía automáticamente al llegar las nueve y treinta y cuatro. Max se acercó a la ventana.

—Mira, Ada, Mórtimer y anti-Mórtimer están jugando en el césped.

—Sí, y **no se aniquilan, por suerte**. Al final va a ser que eso de un gato de antimateria es una locura. Lo mismo solo son hermanos. O primos. Aunque mira cómo juegan... **¡Yo ahí veo tema!**

—¡Qué tonterías dices, Max! Me vuelvo con mi libro, que es mucho más interesante que la vida privada de los gatos del vecindario.

Ada volvió a la lectura de *Los Juegos del Anillo* pensando que si la portadora del anillo tuviera un buen saco de antimateria, no lo estaría pasando tan mal para llevar el anillo a Panem.

Y mientras, Max... Max seguía a tope con la consola, haciendo unos ruidos que parecía que se había metido en la boca un chicle y un antichicle a la vez. **¡PUM, PUM, PUM, PUM!**

Capítulo 5:
ENTRELAZAMIENTO CUÁNTICO Y TELETRANSPORTACIÓN

—*¡A costa d la gata estoy aprndiendo cosas k t kgas!* —escribió Ada en el WhatsApp de su grupo de colegas. Últimamente, como se pasaba el día con cosas de física cuántica, estaba deseando contarle todos sus descubrimientos a sus amigos que, todo sea dicho, flipaban un montón. Esa tarde estaba con los libros de Sigma, leyendo al «estilo Ada»: con los cascos puestos y meneándose en la tumbona como una lagartija electrocutada.

Max la miraba desde la cocina mientras se tomaba un zumo de zanahoria y lima, receta de Sigma.

—¿Pero qué ven mis ojos? ¡No me lo puedo creer! ¡¿Lleva un bañador con dibujitos de átomos!? Cada vez peor. Tanta cuántica le está afectando el cerebro —pensó Max.

—¡¡MAAAAAXXX!! ¡¡Lo tengo!!

Ada saltó de la tumbona (bueno, más bien rodó al suelo) y fue corriendo hacia Max con la tumbona enganchada a la pierna, los cascos puestos y el bañador ese de átomos, que la verdad es que era horroroso. A Max casi se le cae el zumo.

—¡Lo tengo!

—¿El bañador más friki del mundo?

—Déjate de bañadores. ¡Lo de Mórtimer! ¡¡Esa gata se teletransporta, primo!!

—Ada, este tema está empezando a sentarte fatal. Eso es imposi...

Max se calló. Sabía que en cuanto dijera la palabra «imposible», Ada le contestaría inmediatamente con otra «cuanticada» de las suyas. Y encima llevaba los apuntes de Sigma. Max se olía que iba a tener un día movidito, de los que le gustan a él.

—De imposible nada, según la física cuántica, **la teletransportación ES POSIBLE, incluso ¡se ha hecho!**

—Si eso fuera posible, ¿no crees que sería nuestro modo de viajar más usado? Sin gasolina, rápido, limpio, chulísimo... ¿Quién no ha soñado alguna vez con teleportarse?

—No te pongas en modo antimateria, el teletransporte es posible. En el capítulo ese de *Phineas y Ferb* construyen una especie de fototeletransportadora a distancia, ¿o no?

—Ya, claro, *Phineas y Ferb* **son dibujos animados, Ada**.

—¿Y qué me dices de *Star Trek* y de *Stargate*? ¡Y de *Harry Potter*! Los polvos flu, o cuando se aparecían... ¡Incluso

Goku se teletransporta! —remató Ada. Sabía que Max no podía resistirse a Son Goku.

—¡¡Uooooohhhh!! Menudos argumentos, «polvos flu», «Star Trek» venga ya, eso es ciencia ficción y magia, Ada, en la vida real el teletransporte no existe. Ni siquiera lo de Son Goku, aunque me fastidie admitirlo.

—El teletransporte existe, lo he leído en los libros de Sigma ¡y te lo voy a demostrar!

—OK. **Venga, a ver, ¿qué has averiguado?**

—Pues mira, la clave del teletransporte es una cosa que se llama «entrelazamiento cuántico». Sigma dice que eso del entrelazamiento hace que algo que ocurre en un punto del universo afecte **INSTANTÁNEAMENTE** a algo en otro punto distante del universo. Es una... ¡¡¡ACCIÓN FANTASMAL A DISTANCIA!!!

—Pero... no tiene espíritus ni nada, ¿no? Ya sabes que los fantasmas y yo no...

Ojo al dato friki 

«Acción fantasmal a distancia» fue como Einstein y otros dos físicos, llamados Borís Podolski y Nathan Rosen, llamaron al entrelazamiento cuando ellos mismos lo teorizaron en 1935. Se burlaron de esta propiedad porque pensaban que no podía ser real. ¡A veces las cosas no son lo que parecen!

Ada consiguió liberarse de la tumbona enredada en su pierna cuando llamaron a la puerta. Era Sigma, que por una vez no aparecía de la nada. Los chicos se alegraron de verle.

—¡Hola, Sigma! Ada estaba a punto de explicarme todo eso del entrelazamiento cuántico y la teleportación.

—**¡Por Marie Salomea Skłodowska-Curie y el descubrimiento del radio!** ¡De nuevo un interesantísimo y misterioso tema de la física cuántica más inverosímil! Me encanta, me chifla. Por cierto, Ada, bonito bañador, yo tengo uno con el mismo dibujo.

Ada pensó que eso no era una buena noticia para sus gustos de moda. Max sirvió zumo para los tres.

—Dinos, Ada, ¿qué es lo que tenías que explicarnos sobre el entrelazamiento? —dijo Sigma justo después de trincarse de un solo sorbo todo el vaso de zumo—. Porque la verdad es que es todo un temazo —siguió diciendo Sigma, sin dejar a Ada casi hablar—. El entrelazamiento es una **propiedad especial de un conjunto de partículas que no tienen identidad propia y no están definidas por separado, sino en relación a las otras**. Estas partículas dependen las unas de las otras y esto da lugar a algo muy curioso.

—¿El qué? —preguntó Max, aún sin entender muy bien lo que Sigma les explicaba.

—¡Claro, Max! —contestó Ada emocionándose—. Acuérdate de

lo de la superposición. Cuando medimos una partícula que está en superposición cuántica de varios estados, esta colapsa y se queda en uno solo de esos estados.

—Así es, mi brillante científica de bañador de átomos. Bueno, pues imaginad ahora que tenemos varias partículas y que todas ellas están en una especie de «superposición conjunta». **Cuando las midamos, colapsarán y el conjunto total de partículas estará en uno de los estados** de la «superposición conjunta» o entrelazamiento.

—¡Claro, Sigma! Están **entrelazadas**. El estado de una de ellas depende del estado del resto. Es la vida misma: cuando tiro a Max a la piscina, él se enfada conmigo. Mi estado bromista se entrelaza con el estado de Max enfadado. Voy a comprobarlo...

—¡Ni se te ocurra, Ada! —dijo Max mientras huía escurridizo a esconderse detrás de Sigma—. Además, no entiendo por qué os parece tan especial el colapso con varias partículas entrelazadas. Ada ha comenzado a decir que Mórtimer se teleporta y hemos llegado a hablar del entrelazamiento cuántico. ¿Qué tiene que ver?

—Que las partículas entrelazadas no hace falta que estén juntas. **Aunque estén a años luz de distancia, al observar una de ellas**, tan solo una, el sistema entero colapsará y entonces **se definirá el estado de TODAS las partículas, estén donde estén**. Y esa es la base de la teleportación.

—¿Colapsarán todas las partículas del sistema inmediatamente? ¿Estén a la distancia que estén? O sea, que si Ada se pone pesada en algún punto del universo, aunque yo esté a kilómetros de distancia y no la vea, ¿me enfadaré igual?

Sigma no cabía en sí mismo, se había emocionado tanto que se le había hinchado el pecho, el tupé se le había puesto aún más de punta y le brillaba la sonrisa... Estaba a punto de estallar un nuevo...

MOMENTO SIGMA:
El entrelazamiento es una de las cosas más alucinantes de la física cuántica porque sus efectos no están localizados como en el mundo clásico. En la física clásica, si queremos producir un efecto sobre algo, tenemos que estar a su lado o transmitir ese efecto por algún medio, y como mucho esa transmisión se hará a la velocidad de la luz. En el mundo cuántico no. ¡Nuestra medida puede tener un efecto a distancia! ¡En la otra punta del vecindario, de la ciudad, del mundo! **Imaginad que tenemos entrelazadas dos partículas gemelas, pero gemelas contrarias**, tipo yin y yang, plátano y chirimoya, negro y blanco, que

cuando una es del Madrid, la otra es del Barça... Pero ¡ojo al dato! Imaginad **que no tienen definida su identidad**, pero que están entrelazadas: no puede saberse cuál es yin y cuál es yang, **tan solo que tienen propiedades contrarias**. Al medir una de ellas afectamos a su estado y se define, eso ya lo sabíamos. Pero es que al estar entrelazadas... **¡Tacháaaaan! ¡Se define también el estado de su gemela!** Esté donde esté, su estado queda definido al observar a la otra. ¡Pero al contrario de su gemela! **¡YIN Y YANG FOREVER!**

LOS GEMELOS MARAVILLA: SPIN Y SPAN. LOS PROBLEMAS CAPILARES DE UNOS GEMELOS CUÁNTICOS

SPIN Y SPAN son gemelos, iguales, clavados. En lo único que se diferencian es en el color de pelo: uno es rubio y otro moreno. Cuando van a la peluquería cuántica y se dan un tinte entrelazado, quedan en «superposición conjunta» de: «Spin rubio y Span moreno» y «Spin moreno y Span rubio». Esta «superposición conjunta» o entrelazamiento permanece hasta que alguien mire a uno de ellos; entonces automáticamente se transformarán uno en rubio y el otro en moreno.

—Spin: ¡Span, me encanta ir a lo cuántico por la vida!

—Span: Pues vamos a intentar llegar a casa entrelazados, sin que nadie nos vea. ¡Yo voy por el parque!

—Spin: ¡Yo voy por la plaza Heisenberg! Intentaré que nadie me vea. ¡Un colapso no molaría nada! Y ojalá sea en moreno, el rubio no me favorece mucho...

Span va por el parque, ve que se acerca una pareja y se tira al lago. La pareja se queda conversando allí y él aguantando la respiración debajo del agua con su pelo mezcla de rubio y moreno.

Spin va por el otro camino. Cuando una viejecita se acerca, se mete dentro de un cubo de basura, y cuando pasa, sale de nuevo y echa a correr.

Spin consigue llegar a casa y toca al timbre.

—Spin: ¡Mamá, mira este peinado con color cuántico!

Automáticamente, debido a que su madre ha mirado, ¡su pelo se convierte en rubio!

—Madre: ¿Qué es eso de color cuántico? ¡Eres rubio, un rubio loco!

Mientras tanto, Span es moreno, y ahí sigue, aguantando la respiración bajo el agua...

—No sé... —dijo Max—. A mí todo esto del entrelazamiento y la acción fantasmal a distancia me da un poco de cosa.

—**¡Te da miedo!**

—Me da respeto —dijo Max, un poco enfadado por las burlas de su prima.

—Pero, **mi pequeño saltamontes**, ¡para nada pienses eso! La acción fantasmal a distancia quedó totalmente demostrada como un fenómeno más de la física cuántica gracias a dos grandes científicos, Bell y Aspect. No es nada que debamos temer.

Ojo al dato friki 

En la época de Einstein no se sabía cómo probar experimentalmente si el entrelazamiento era real o no, y si existía esa «**acción fantasmal a distancia**» o qué. En 1964, el físico irlandés **John Bell** (Juan Campana, para los amigos) ideó un experimento revolucionario que permitiría probarlo. El único problema era que en esa época no tenían aún la tecnología suficiente para llevarlo a cabo. ¡Vaya!

Pero en 1982... ¡sonó la campana! Un físico francés con un bigote muy gracioso, llamado Alain Aspect, demostró por primera vez que ¡EL ENTRELAZAMIENTO EXISTE, ES REAL! Estos experimentos «de Bell» se siguen haciendo hoy en día, cada vez más refinados, y continúan demostrando que, efectivamente, la acción de medir parte de un sistema entrelazado afecta a todo el sistema, esté donde esté. **La NO LOCALIDAD o «acción fantasmal a distancia» es real, está científicamente demostrada.**

—Además el entrelazamiento cuántico tiene un montón de aplicaciones, como por ejemplo... **Pero ¿quién está aquí!?**

Como de costumbre, Mórtimer había aparecido de la nada y Sigma se lanzó hacia ella, la cogió en brazos y le dio una ración de mimos suficiente como para apaciguar una supernova.

—Aplicaciones como la computación cuántica, ¡eso sí que la peta! —dijo Max.— Pero eso no tiene nada de fantasmal.

—Te veo muy puesto —dijo Sigma. Efectivamente, el futuro de la computación pasa por los ordenadores cuánticos y estos utilizan el entrelazamiento cuántico.

Efectivamente, el futuro de la computación pasa por los ordenadores cuánticos y estos utilizan el entrelazamiento cuántico.

Warning cuántico: 

Hay un montón de cosas que los ordenadores actuales tardan muchísimo tiempo en hacer y que podrían hacerse mucho más rápido si utilizasen la superposición y el entrelazamiento. ¡Y eso ya existe! Son los **ordenadores cuánticos**.

¡Pero cálmate! No vayas corriendo a tu tienda de electrónica a pedir un ordenador cuántico, porque aún no han llegado al mercado. Una de las mayores dificultades de los ordenadores cuánticos es mantenerlos aislados de las interacciones con el entorno que acaban con las superposiciones y los entrelazamientos necesarios para realizar operaciones cuánticas. Los ordenadores cuánticos actuales, que solo existen en los laboratorios, tienen que ser enfriados a temperaturas bajísimas, en torno a -270 ºC. ¡Ni en el polo norte hace tanto frío! ¿Te imaginas que para jugar a videojuegos cuánticos tuvieras que estar rodeado de pingüinos? **Científicos e ingenieros ya trabajan para desarrollar futuros ordenadores cuánticos «más calentitos».**

AGUJERO DE GUSANO p. 69

LOS GEMELOS MARAVILLA: SPIN Y SPAN. EL PROBLEMA DE LOS EXÁMENES TIPO TEST

SPIN Y SPAN, los «gemelos maravilla», siempre sacan exactamente la misma nota en los exámenes, en todos.

La leyenda dice que usan telepatía instantánea, que actúan como si fueran un solo niño.

Esto es lo que ocurre: en tercero, el curso al que van, los exámenes son siempre de tipo test. Cada pregunta tiene solo dos posibles respuestas, «Sí» y «No». Los profesores hacen dos exámenes, uno para el grupo A y otro para el B, y tienen la estrategia de que si la respuesta a una pregunta en el examen del grupo A es «Sí», entonces en el examen del grupo B la pregunta con el mismo número tiene respuesta «No», y viceversa. Los chavales de tercero lo descubrieron y, claro, si un grupo hacía un examen antes que el otro, se pasaban las respuestas. Así que ahora hacen los exámenes a la vez, en aulas separadas, para que no haya chivatazo de respuestas.

Por supuesto, los «gemelos maravilla» fueron separados: uno está en el grupo A y el otro en el grupo B. Pero, pese a todas esas medidas, siguen sacando exactamente la misma nota. Cuando uno contesta «Sí», el otro contesta «No», y viceversa, siempre, sin excepción. Los profesores saben que copian, los chavales de su clase también, pero nadie sabe cómo lo hacen. No lo sabe ni el conserje, que siempre lo sabe todo.

Hay tres teorías:

Teoría A: De alguna forma conocen el examen desde antes. Para evitar eso los profesores toman medidas de seguridad propias de *Los Vengadores* para que nadie vea las preguntas antes de tiempo.

Teoría B: Los gemelos se pasan las respuestas con algún móvil secreto, un micrófono oculto o algo así. Los profes los cachean en cada examen para tratar de descubrirlo.

Teoría C (la que nadie se atreve a admitir): Los «gemelos maravilla» tienen entrelazamiento cuántico y se pasan la respuesta de manera instantánea gracias a la «acción fantasmal a distancia». Son como un solo niño en dos cuerpos. Pero todo el mundo sabe que eso es imposible... ¿O no? Eso es parte de su leyenda.

—Entonces, Sigma, si el entrelazamiento realmente está demostrado y lo utilizamos en cosas como los ordenadores, ¿crees que es posible observar efectos cuánticos de entrelazamiento entre cosas más grandes que partículas, por ejemplo seres vivos enteros? —preguntó Ada—. ¿Podría Mórtimer ser cuántica, y entrelazarse, y teletransportarse, y colapsar, y...?

—Bueno, mi querida científica, sería algo muy difícil que un ser vivo entero mostrase efectos cuánticos. Los sistemas cuánticos no son **bichos peludos, redondetes, bonicos y preciosos como Mórtimer**. —Sigma empezó a hacerle pedorretas en la barriga a Mórtimer y esta respondió a los mimos de una forma que empezaba a ser habitual para ella: vomitando una bola de pelo sobre la camiseta de Sigma.

—**Qué asco.** ¿En serio no te molesta que haga eso? Sigma dejó a Mórtimer en el suelo para limpiarse su nueva camiseta en la que podía leerse la fórmula del principio de incertidumbre.

—Cómo voy a enfadarme con esta cosita tan deliciosa que es Mórtimer. Lo que puedo decirte, Ada, es que **los sistemas cuánticos son electrones, átomos o como mucho grupos de átomos**, pero nunca una gata.

Warning cuántico: 

Varios grupos de investigación de diversos países ya **han conseguido entrelazar sistemas de millones de átomos usando distintas técnicas**: temperaturas bajísimas y campos magnéticos, entre otras. Metiendo un imán en el congelador no vas a conseguir entrelazar los guisantes con el helado de chocolate. ¡Olvida el potaje de verduras cuántico con sabor a chocolate!

Y por esto, entre otras cosas, llegó la duda a las mentes humanas: ¿habrá seres vivos que usen propiedades cuánticas en alguna de sus funciones?

ADA: Sí. ¡Claro que podemos ver las propiedades cuánticas de los seres vivos! Mórtimer es dual, se superpone y se teletransporta.

Max: No. Las propiedades de la física cuántica solo pueden observarse en cosas diminutas, como son las partículas.

Ojo al dato friki

La superposición podría explicar la altísima eficiencia que tienen los organismos vivos para hacer **la fotosíntesis**. Sí, ya sabes, el proceso por el cual las plantas y algunas bacterias convierten la energía del sol en energía química. En 2013, se descubrió el entrelazamiento entre las clorofilas de la bacteria ***Rhodopseudomonas acidophila***. Prueba a decir su nombre con un polvorón en la boca.

Y la cosa no acaba ahí, **el petirrojo europeo**, que realiza migraciones de unos 7.000 kilómetros desde

Escandinavia a las planicies africanas, podría orientarse según el campo magnético de la Tierra gracias al entrelazamiento entre electrones de unas moléculas que residen en sus ojos. **¡Eso sí que es tener visión cuántica!**

SIGMA: Que sepáis que está surgiendo un nuevo campo de investigación conocido como **biología cuántica**, el estudio de procesos cuánticos en seres vivos. ¡Esto no tiene límites, pajaritos!

Mientras hablaban, sonó un maullido en el jardín, como si la gata hubiera visto un fantasma. Los tres se levantaron casi a la velocidad de la luz para encontrar a Mórtimer en estado Hello Kitty encima de los cascos de Ada.

—¡Maldita gata, apártate de ahí! —dijo Ada mientras recuperaba sus cascos y recogía el teléfono—. ¡Noooooo! ¡Mierda!

—¿Qué pasa? —preguntaron Max y Sigma como entrelazados—. ¿Te ha vomitado una bola de pelo encima?

—No, ¡la hora! **¡Es supertarde!** ¡Había quedado para ir a una pelea de gallos y está a punto de empezar! Ahora sí que me gustaría poder teletransportarme.

—**¿Pelea de gallos?** ¿No te importan esos pobres animales?

—No, hombre, no, una pelea de gallos de rap.

—Yo puedo llevarte —se ofreció Sigma—, pero vamos en coche, no creo que te gustara teletransportarte.

—¿Por qué? —preguntaron Ada y Max a la vez—. ¿Qué tiene de malo? ¡Estaría genial! Y sería mucho **más rápido que ir en ese coche enano que tienes, Sigma**.

—¡Ah, mi querido y ergonómico cochecito **Neutrino**! Vamos a por él.

Ada cogió el móvil y empezó a escribir a sus colegas para que la esperaran. Max dejó a Mórtimer bien cerrada dentro de casa, se subió al coche y empezó a buscar «peleas de gallos raperos» en internet. Sigma arrancó el coche al tercer intento.

—Bueno, Sigma, dinos, ¿por qué no nos iba a gustar la teletransportación? ¿No es mejor que ir quemando gasolina en este trasto?

Los tres iban apretadísimos en ese coche, en el que comenzaron a sonar grandes clásicos de la canción del verano española: *Sopa de caracol*, el *Tiburón* o el *Baile del gorila*, entre otros.

—**Teletransportar o teleportar a alguien es algo así como** llevar la información de tus átomos y moléculas, la energía y todo a otro lugar, **«copiar» esa información en otro sitio**... ¿Os suena la peli *Star Trek*?

—Es eso de poner la mano así, ¿no? —Max juntó los cinco dedos y luego trató de hacer el saludo vulcaniano, con la palma abierta, intentando separar en forma de uve sus dedos corazón y anular.

—¡El signo de Spock! Eso es, Max, en la serie y las películas desaparecían de un sitio y aparecían en otro. Pero eso no es exactamente así. Según lo que sabemos, si algún día se produce el teletransporte, lo que se haría es enviar la información de lo que sea que teletransportemos al otro sitio, donde tenemos la materia prima necesaria para reconstruir el original. **Sería algo así como fabricar un clon**, porque al leer la información del objeto original para poder transmitirla lo alteramos, así que entonces ya no será el original.

—**¿Y qué pasaría si la información se perdiera en la transmisión?**

—Os lo podéis imaginar: *Bye bye! Sayonara! Caput!*

—¡*Mamma* mía, qué miedito! —dijo Max torciendo el gesto—. Pero eso... ¿se puede conseguir? —añadió en voz baja, como asustadito.

—Sí, Max, el teletransporte se ha conseguido, aunque de momento a escala muy pequeña.

Warning cuántico:

El teletransporte solo es posible gracias al entrelazamiento. Para teletransportar una partícula de Madrid a la Conchinchina necesitamos tener preparadas de antemano un par de partículas entrelazadas, una en Madrid y otra en la Conchinchina.

¡Experimento Low Cost!

El teletransporte cuántico de una partícula en solo cinco pasos.

No será fácil, pero si te atreves necesitarás papel, tijeras y una pintura de cera pegajosa.

Paso 1: Elige la partícula que quieres teletransportar, la partícula S, «S» de suertuda. Recorta **un cuadrado** de cartulina y dibuja en él una S con tu lápiz pringoso.

Paso 2: Ahora vamos a entrelazar dos partículas (diferentes de la partícula anterior). Recorta primero un rectángulo, suma de dos cuadrados, de papel. Luego corta la línea que lo divide en dos cuadrados y obtendrás ¡las dos partículas entrelazadas! Las llamaremos partícula E1 y partícula E2, respectivamente, «E» de entrelazadas.

¡Recuerda!: 

Existen distintas técnicas para entrelazar partículas y ninguna de ellas es fácil... En nuestro experimento casero imaginaremos que el hecho de separar las dos partículas que estaban unidas (en forma de un mismo rectángulo) hará que queden entrelazadas.

Paso 3: Procederemos a enviar una de las partículas entrelazadas al lugar donde queremos teletransportar nuestra partícula S. Coge uno de los cuadrados entrelazados, la partícula E2, y llévalo al lugar donde quieres teletransportar la partícula S. La puedes llevar a casa de tu vecino, el del quinto, por ejemplo. Realizaremos el teletransporte al quinto piso.

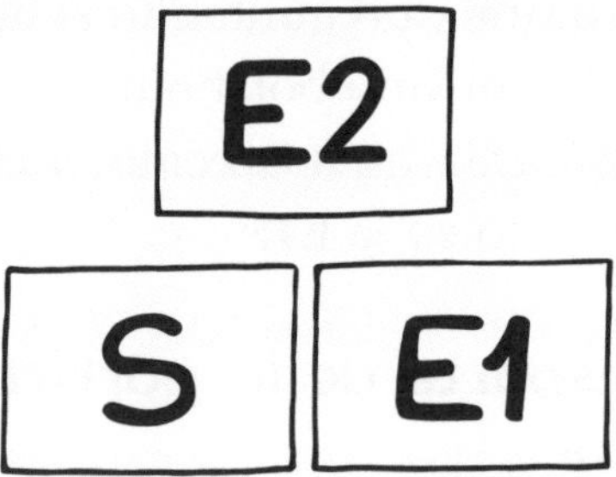

Paso 4: Entrelazaremos la partícula S con la partícula entrelazada cercana. Ahora tenemos que entrelazar nuestra partícula S con la partícula E1. Imaginamos ahora que podemos entrelazar las partículas frotándolas entre ellas. Coge la partícula S y frótala bien con la partícula E1. Si has frotado por el lado

correcto (el de la S) y realmente dibujaste la S con cera pringosa, ahora las dos partículas estarán emborronadas. ¡Ya están entrelazadas!

MAGIA CUÁNTICA: Como las partículas E1 y E2 estaban entrelazadas, el cambio en la partícula E1 (que le aparezca un borrón) hace que en la partícula E2 salga instantáneamente una mancha. Es una consecuencia del entrelazamiento o «acción fantasmal a distancia». La forma de la mancha que aparece en E2 dependerá de la forma de la mancha de E1.

Paso 5: Observa el entrelazamiento conseguido. Mira qué tipo de borrón apareció en las partículas S y E1 después del frota-frota. Llama por el móvil a tu vecino, el del quinto, preguntando si ha obtenido en la partícula E2 el mismo borrón que tienes tú en E1. Si en la partícula E2 ha aparecido el mismo borrón que se ha generado en la E1:

¡El teletransporte de la partícula S se ha completado!

¡Recuerda!:

La pieza clave del teletransporte son los dos entrelazamientos que se realizan. **Sin entrelazamiento, no habría teletransporte cuántico.**

Si este experimento no ha funcionado: tranquilo, es normal. ¡Recuerda que son cartulinas, y no partículas! Si realmente has conseguido que aparezca la S en la partícula E2 con este experimento, ¡dirígete a un instituto de investigación cercano inmediatamente y repite allí el experimento!

Warning cuántico:

Si las partículas S, E1 y E2 fuesen realmente cuánticas, los borrones solo podrían tomar ciertas formas. Esto significa que el teletransporte cuántico real es un poco más complicado que este experimento que acabas de hacer. Pero la ciencia sigue avanzando. Algún día nos teletransportaremos... o no.

EL TELETRANSPORTE, ¿ES REAL?

¿A quién no le gustaría teletransportarse? Movernos de un lugar a otro sin necesidad de recorrer el espacio que está por medio sería increíble. Imagínate poder viajar con teletransporte: ir a París a ver la Torre Eiffel, a Egipto a entrar en las pirámides, a Brasil a aventurarnos en el Amazonas... ¡Y no solo para viajar! También puede ser muy útil para otras cosas, ¿qué me dices de esos momentos en los que estás apuradísimo y no tienes ningún baño cerca? ¿O si pudieras dormir más y luego teletransportarte al colegio?

No cabe duda de que sería maravilloso. ¿Pero esto se está investigando? ¿Hay científicos que trabajan en esto en serio? Resulta que sí, y no solo eso sino que los científicos ¡ya han conseguido teletransportar varios tipos de partículas! El hito histórico, **el primer teletransporte, se realizó en 1997** en la Universidad de Innsbruck, en Austria. **Los suertudos que se teletransportaron fueron unos fotones**, o sea, partículas de luz.

Nosotros estamos hechos de átomos de materia, no de partículas de luz, así que lo guay sería poder teletransportar materia. Esto es más difícil y sin embargo... ¡también se ha logrado! Se tardaron 7 años más: **en 2004 el teletransporte de materia ise hizo realidad!** Esta vez los afortunados teletransportados fueron unos átomos de berilio (berilio es un elemento químico, no un señor mayor de Logroño).

¿Y para cuándo el **teletransporte de personas**?

Uff, esto ya es muchísimo más complicado, porque nosotros estamos hechos de muchísimas partículas, billones de partículas, trillones de partículas... ¡muchísimas! Y, además, está el problema de que las partículas no son independientes, sino que están interaccionando entre ellas. Vamos, **un lío de los gordos**.

Pero, quién sabe, hace siglos nadie pensaba que podríamos llegar a pisar la Luna. Igual algún día un joven científico descubre la clave para hacer el teletransporte posible. ¿Podrías ser tú? Con mucha investigación y nuevas mentes brillantes, quizá nuestros tataranietos puedan teletransportarse a la cama cuando estén cansados.

El resto del viaje en coche hasta la «pelea de gallos» lo hicieron en silencio. Ada, pensando que el sitio estaba demasiado lejos, que ese coche parecía una lata de berberechos, que iba lentísimo y que ojalá se inventara pronto el teletransporte, ¡no volvería a llegar tarde nunca! Sigma notaba cómo Max temblaba a su lado, cagadito de miedo imaginándose los efectos del teletransporte fallido.

—**¡¡MIAUUU!!** —Sonó de repente un maullido que retumbó por todo el coche.

Los tres dieron un respingo, Sigma paró el coche en seco y salieron afuera. Menudo susto les había dado MÓRTIMER. Ahí estaba, en el techo del coche, con cara de velocidad.

TEST CUÁNTICO:
¿SUFRES DE ENTRELAZAMIENTO?

1. Abres los ojos por la mañana y:

a. Ves tu habitación y la continúas viendo hasta que cierras los ojos de nuevo.

b. De repente ves tu habitación y acto seguido te encuentras en la nave Enterprise, tu habitación, la Enterprise y así sin parar.

c. No ves nada porque no tienes ojos.

2. Vas al baño y antes de entrar a la ducha te miras al espejo, ¿qué ves?

a. Una cara somnolienta con alguna que otra legaña.

b. Tu cara y de repente la cara de tu mejor amig@ alternativamente.

c. ¿Tampoco tienes cara?

3. Vas con un amigo por la calle y...

a. Vas hablando con él tranquilamente mientras caminas a su lado.

b. Mientras él va caminando con los pies sientes una fuerza que te lleva a caminar con las manos. Si él hace el pino, tú involuntariamente te pones de pie.

c. ¿Qué es la calle?

4. Te devuelven el examen de mates y...

a. Un 10. ¡Excelente! ¡De aquí a la dominación mundial!

b. Un 6, un 4, un 6, un 4... ¡Viviendo al límite!

c. Un cero patatero.

Mayoría de respuestas A: Tu vida necesita que planees algo de tiempo para desplazarte. Tranquilo, ninguna de tus partículas parece estar entrelazada con nadie.

Mayoría de respuestas B: Sufres de entrelazamiento con tus colegas. Toma nota en un cuaderno de todo lo que experimentas y prepárate para que te den un Nobel de aquí a unos años. O al menos escribe un libro de autoayuda llamado *Cómo llegar a casa sin infartar a ningún vecino*.

Mayoría de respuestas C: Las leyes de la física no van contigo, por lo que no pareces ser un ser vivo ni una partícula. Trata de irlas probando poco a poco ¡y decide lo que más te molaría ser!

Capítulo 6.
EFECTO TÚNEL

¡Pum! ¡Zasca! ¡Prrrufff! ¡Trash!

Max dejó el trabajo que estaba haciendo en su escritorio, cerró el ordenador, bajó las escaleras hasta el piso de abajo y se dirigió a la cocina, de donde salía un alboroto digno de un grupo de paquidermos cojos atravesando una fábrica de acordeones. Se asomó por la puerta con cuidado.

Ada estaba sentada en medio de la cocina, con la vajilla preferida de su tía desparramada totalmente por el suelo, el monopatín incrustado dentro del lavavajillas, un reguerón de mantequilla, leche y huevos escapando de la nevera y el microondas funcionando a toda potencia y chisporroteando como una tormenta eléctrica.

—**¡Dichosa gata!** Ha entrado en la cocina, pero no la encuentro. **¡Ha desaparecido!**

—¿Y para encontrarla has decidido utilizar la cocina como pista de skate? **¡Menudo destrozo, Ada!**

Ada estaba fuera de sí.

—Te prometo que la he oído dentro del armario, pero al abrirlo ha desaparecido. ¡Tiene que haber atravesado la pared!

—Ada, sabes que eso es imposible.

—No, no lo es. Yo te digo que esa gata es cuántica. Y recuerda lo que nos contó Sigma del efecto túnel. Con sus poderes cuánticos, existe una probabilidad de que esa gata sea capaz de atravesar paredes.

—¡Que no, Ada! —contestó Max—. **¡Estás más *pallá* que *pacá*!** Esa gata no tiene poderes y solo una partícula pequeña es capaz de atravesar una pared. **Esa gata tiene millones, trillones, diez elevado a cua~ trillones de partículas. No puede atravesar nada.**

Ada se quedó mirando a Max con cara de no haberse enterado de nada.

Max garabateó unas gráficas en su cuaderno de «ideas locas y despampanantes que algún día salvarán a la humanidad» y se las mostró a Ada.

—Según la mecánica clásica, ni tú ni yo ni Mórtimer ni nada puede atravesar barreras ni paredes por el morro. Según la mecánica cuántica, por el contrario, una partícula puede llegar a atravesar esa barrera debido a sus propiedades de onda. Es decir, **existe una probabilidad MUY PEQUEÑA de encontrar esa partícula más allá de la barrera**.

—¡Bah! —contestó Ada mientras se atusaba enérgicamente el pelo—. Tanto rollo cuántico con las probabilidades, es decir, la probabilidad de que la partícula esté aquí o esté allá, pero no podemos decir que está aquí o allá. Es como si yo te dijese que hay una pequeña probabilidad de que ahora mismo esté en las Bahamas. Pero no, estoy en esta cocina buscando a una gata absurda y con mi jersey favorito roto. **¡Vaya chasco de probabilidades!**

Max sacudió la cabeza.

—Nooo. Tu probabilidad de estar en las Bahamas sin coger un avión es cero. En general **los efectos cuánticos solo se ven en sistemas pequeños**. Y aunque a veces te dé por bailar como Shakira y seas altamente ondulatoria, eso no aumenta tus probabilidades de presentarte de repente en las Bahamas.

¡Recuerda!: 

A nivel cuántico el comportamiento de las partículas se describe como una onda, y eso hace que en algunos casos una partícula pueda tener una **remota posibilidad de atravesar una barrera física**. La probabilidad de que la atraviese suele ser muy pequeña, pero existe.

PELEA DE GALLOS: MÓRTIMER CLÁSICO Vs MÓRTIMER CUÁNTICO.
¿QUIÉN GANARÁ?

EL EFECTO TÚNEL

Quítate esa cara de *alelao*, porque sí, lo has entendido bien. **Las partículas son capaces de atravesar barreras. Y lo hacen gracias a un fenómeno llamado «efecto túnel».**

Se dice que una partícula atraviesa una barrera por efecto túnel cuando la cruza a pesar de no tener la energía suficiente para hacerlo.

Imagina que chutas un balón de fútbol reglamentario contra una pared, ¿qué ocurrirá?

Ya, está claro que **dependerá del tipo de pared y de tu fuerza chutando**. Si es una pared japonesa, de esas de papel, y has chutado con ganas, el balón la atravesará (rompiéndola, eso sí). Sin embargo, si se trata de una pared de hormigón armado y tú no eres Superman, por muchas veces que chutes con todas tus fuerzas, el balón siempre rebotará. ¡Cuidado no te rompa la napia! En el primer caso, la **energía del balón** es **MAYOR** que **la energía necesaria para atravesar la pared**. En el segundo caso ocurre al contrario: la energía del balón es **MENOR** que la necesaria para atravesar la pared y, aunque sigas insistiendo, el balón rebotará.

Viajemos ahora al «micromundo». Imagina que tomas una píldora miniaturizadora y empequeñeces hasta un tamaño ínfimo, menor que un grano de polvo. Eso es, ¡siéntete un renacuajo! Repitamos ahora el experimento. En este caso tu balón será un electrón. ¿Qué ocurrirá cuando lo dispares contra una barrera con una energía superior a la energía del electrón? (Sería como el caso de la pared de hormigón). Piensa, piensa, piensa... ¿Crees que el electrón también rebotará tal y como lo hacía el balón? Si es así, has acertado... ¡para la mayoría de los casos!

El electrón tiene una naturaleza dual onda~partícula muy diferente de cualquier cosa a la que estemos acostumbrados y no se comporta según las leyes de la física clásica. Resulta que si chutas el electrón muchas veces, a pesar de que nunca alcance la energía necesaria para atravesar la barrera, ¡algunas veces la atravesará!

La física cuántica lo explica del siguiente modo. Una vez que chutamos el electrón, su **onda de probabilidad**, relacionada con la probabilidad de encontrarlo en un cierto lugar, se va «desparramando».

Al llegar a la barrera, **la mayor parte de la onda de probabilidad rebotará, pero una pequeña parte pasará a través de ella**. Es decir, ¡existe una **pequeña probabilidad** de encontrar al electrón al otro lado de la barrera! Por lo tanto, si se repite el experimento muchas veces, algunas veces el electrón atravesará la barrera.

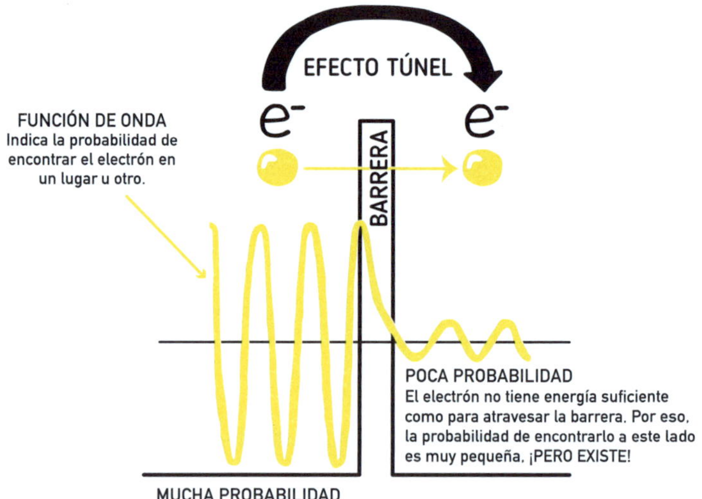

—**Ostras, Max** —dijo Ada muy emocionada—, si las partículas pueden superar cualquier barrera de energía, entonces son imparables, pueden hacer lo que les dé la gana, viven al límite, sin normas, como Mórtimer, que hace lo que quiere.

—No es exactamente así, Ada. **El efecto túnel permite atravesar barreras, sí, pero solo barreras pequeñitas.** A medida que la barrera se va haciendo más y más grande, la probabilidad de que la partícula esté al otro lado de la barrera se va haciendo más y más pequeña, hasta que llega casi a cero.

—Vaya, hasta las partículas tienen normas. Pero, Max, yo tengo una pregunta. Si solo las partículas, que son muy muy muy pequeñas, pueden atravesar barreras por efecto túnel..., ¿cómo podemos estar seguros de que el efecto túnel existe? ¡Las partículas no se ven!

—Nuestro ojo no es capaz de ver las partículas. ¡Ojalá! Pero podemos medir sus efectos, por ejemplo el de la **radiactividad.**

¿Sabías que parte de los fenómenos radiactivos se deben a partículas que escapan de los núcleos de los átomos por efecto túnel?

¡La caña! ¡Lo sabía! Y seguro que esta gata también se ha irradiado con uranio, ya te lo digo yo, y ha escapado del armario.

PREGUNTA CUÁNTICA: ¿DE DÓNDE SALE LA RADIACTIVIDAD?

Los núcleos se componen de partículas más pequeñas: los protones y los neutrones. En el núcleo, protones y neutrones están unidos entre sí por una fuerza muy fuerte, llamada fuerza fuerte (en serio), que crea una barrera de energía. Esta barrera es la que hace que las partículas en el núcleo se mantengan unidas y es tan alta que neutrones y protones no pueden saltarla.

Pero, en algunos núcleos, la barrera de energía no es tan alta. Es lo que pasa en el núcleo del uranio. Sí, sí, ese, el de las centrales nucleares, donde trabaja Homer Simpson.

En el uranio **hay protones y neutrones que pueden salir disparados y atravesar la barrera de la fuerza fuerte**. ¿Y sabes cómo lo hacen? **Por efecto túnel, atravesando estas barreras gracias a su naturaleza ondulatoria.**

Ojo al dato friki

La radiactividad no es brillante como en *Los Simpson,* solo lo dibujan así para que parezca más chula.

ATENCIÓN: Hay tres tipos de partículas que pueden emitir los núcleos radiactivos: partículas alfa, beta y gamma. Se llamaron así porque cuando las descubrieron no tenían ni pajolera idea de lo que eran. Luego se vio que las partículas alfa son dos protones y dos neutrones (un núcleo de helio), las beta son un electrón y las gamma un fotón.

¡Las radiaciones alfa que emiten los elementos radiactivos se deben al efecto túnel!

Según la física cuántica hay una pequeña probabilidad de que la partícula alfa esté fuera del núcleo en un momento dado... A medida que el tiempo va pasando, la probabilidad de observar esta partícula fuera del núcleo va aumentando.

Además, se puede calcular el tiempo para el cual la probabilidad de encontrar la partícula alfa fuera del núcleo sea del 50 %. A este tiempo lo llamamos **semivida**. Para una muestra grande de material radiactivo intacta, después de que pase la semivida, la mitad de la muestra habrá emitido una partícula alfa y la otra mitad seguirá intacta.

Y esa radiación alfa, ¿es malévola?

Esta radiación alfa tiene muy poquita capacidad de penetración, por lo que las capas superficiales de nuestra piel, formadas por células muertas, son capaces de pararla y no logra llegar a nuestras células vivas y, por lo tanto, tampoco a nuestro ADN. A no ser que nos la comamos o la respiremos. En ese caso se queda en el interior de nuestro organismo, donde puede dar lugar a enfermedades muy graves. ¡Incluso puede ser mortal!

Warning cuántico: 

¿Has oído hablar del envenenamiento de Aleksandr Litvinenko? ¿No? ¡Pues es uno de los sucesos más alucinantes y truculentos de la historia! Y aunque parece sacado de una peli de espías, es real del todo. Verás, Litvinenko era un disidente ruso que trabajaba para el servicio de inteligencia secreta del Reino Unido. Parece que al gobierno ruso eso no le gustaba un pelo, porque podía filtrar información que Rusia tenía en secreto. Así que, supuestamente, decidieron asesinarlo... ¡con radiactividad! ¡Mira qué burros, si es mucho mejor hablar para arreglar las cosas! Pero no, no lo hicieron: usaron polonio radiactivo, elemento que emite partículas alfa por efecto túnel. Recuerda que estas partículas alfa solo son mortales si se ingieren o se inhalan. Por eso, dos gánsteres rusos habrían ideado un plan para echar un poquito de polonio radiactivo en el té de Litvinenko. Esa arma nuclear radiactiva hizo que Litvinenko ingresara en el hospital con vómitos y mucho dolor. El hombre estaba grave y muy enfermo, pero nadie entendía por qué. Parecía que algunos de los síntomas coincidían con un posible envenenamiento radiactivo y, para comprobarlo, utilizaron una técnica llamada «espectroscopia gamma» (dilo tres veces sin trabarte la lengua), que consiste en pasar un detector de energía para buscar elementos radiactivos que emiten rayos gamma. Pero no encontraron nada... ¡y tú ya sabes por qué! Claro, piltrafilla, porque los gánsteres lo envenenaron haciéndole ingerir polonio, que emite partículas alfa, no gamma, que quedan dentro del cuerpo sin poder salir, por eso es muy difícil detectarlas. **Difíciles de detectar pero muy chungas. ¡NO COMAS ÁTOMOS RADIACTIVOS!**

RADIACIÓN Y SUPERPODERES

Son muchos los superhéroes que han conseguido sus poderes exponiéndose a la radiactividad. ¿Qué es lo que ocurre? ¿Es mágica?

Lo que ocurre es **que algunas partículas radiactivas pueden incidir sobre nuestro ADN mutándolo.** En los cómics y en las pelis estas mutaciones son muy chulas y dan lugar a superpoderes.

ADA: ¡Seeeh! Como el increíble Hulk. La exposición a los rayos gamma durante un experimento, un poco chapucero, debo decir, lo convirtió en una masa verde superpoderosa.

En realidad, esto no funciona así. **Las mutaciones son cambios que se producen en nuestro ADN y nunca nos convierten en superhéroes.** De hecho, es muy probable que una mutación debida a la radiación pueda provocarnos enfermedades, algunas de ellas muy graves.

ADA: O sea, ¿que los superhéroes en realidad están enfermos? ¡Eso no se lo cree nadie!

MAX: **No es eso, es simplemente que los efectos reales de exponerse a la radiación no son los mismos que ocurren en los superhéroes.**

ADA: ¿Quieres decir que si te pica una araña radiactiva no te conviertes en Spiderman? Y si me muerde la gata cuántica, ¿no tendré saltos gáticos, superagilidad, megavisión?

MAX: **No, Ada, eso solo pasa en la ficción.**

ADA: La realidad está sobrevalorada, sobre todo la realidad no cuántica. Ni escapar por el techo se puede.

LO NUNCA VISTO: Fusión nuclear. Podemos convertir la materia en energía.

Seguro que sabes lo que es la fusión. Lo has visto mil veces en *Dragon Ball* y muchas veces parece que el pimiento se ha fusionado con tus macarrones cuando intentas retirarlo del plato. **¡Qué asco!**

Pues la fusión no solo les mola a Goku y Vegeta y al pimiento con los macarrones, ¡también les encanta a los átomos!

Los núcleos de los átomos pueden fusionarse para dar lugar a un núcleo más gordo, más pesado. Pero aquí las mates no funcionan sin la ayuda de la física.

Si tú fusionas el núcleo A y el núcleo B, obtendrás el núcleo C. Lo lógico sería que la masa de C fuese igual a la de A + B. ¡Pues no! C tiene menos masa porque durante el proceso de fusión parte de esa masa se convierte en energía. O sea, imagina que tú, que tienes una masa de 40 kilos, te fusionas con tu tío Antonio, que tiene una masa de 140 kilos. Si la fusión se produce como una fusión nuclear (ojalá no, por tu bien), el producto de la fusión (tú + Antonio), en vez de ser una bola de 180 kilos, sería una bola de... ¡170 kilos! ¿Qué ha pasado con esos 10 kilos de masa? ¿Han desaparecido? ¿Se han convertido en un gato gordo? No, nada de eso. **La masa que falta se transforma en energía.**

¡Recuerda!: 

Esto va con la fórmula $E = mc^2$, es decir, que la energía que se produce es igual a la masa que desaparece por la velocidad de la luz al cuadrado.

Si 10 kg de masa se convirtiesen en energía, ¡¡¡tendríamos suficiente energía como para hacer explotar la Tierra entera!!!

Pero no te emociones, aunque tengas un tío llamado Antonio nunca podrás hacer esto. La fusión solo ocurre cuando la temperatura es muy alta, como en el interior de las estrellas.

¡Entendemos cómo funcionan las estrellas gracias a la física cuántica!

¿Alguna vez has pensado de dónde viene toda la energía que recibimos del Sol? Pues deberías, piltrafilla. **Toda la energía que recibimos del Sol es generada en su centro por reacciones de fusión que están uniendo núcleos de hidrógeno y convirtiéndolos en helio.**

Para juntar dos núcleos de hidrógeno debemos aportar mucha energía, porque hay que vencer la repulsión eléctrica.

¡Recuerda!:

Los núcleos están cargados positivamente. Como las cargas del mismo signo se repelen, para juntarlos hay que hacer mucha fuerza.

De hecho, debemos calentarlos a 1.500 millones de grados (¡eso es mucho calor!). Pero el interior del Sol solo está a unos 15 millones de grados. ¿Cómo hace el Sol para conseguir la fusión de núcleos? ¡Por efecto túnel! **El Sol tiene tanta cantidad de hidrógeno que hay una pequeña probabilidad de que algunos núcleos sobrepasen esa barrera energética, acercándose tanto que se fusionan.**

Así que cuando miréis al Sol (¡con gafas de sol, rodaballos!), pensad que estáis viendo la física cuántica en acción.

Ojo al dato friki 

Aunque parezca pequeño cuando lo miramos, su diámetro es unas 100 veces el de la Tierra. Como el volumen es proporcional al cubo del diámetro, podemos deducir que es un millón de veces más grande. En otras palabras, que caben un millón de Tierras dentro del Sol.

—Madre mía, ¿cómo vamos a limpiar ahora todo esto? —dijo Ada, poniendo ojitos de cordero degollado.

—¿Vamos? Ada, el destrozo ha sido tuyo. Lo limpias tú —contestó Max, muy irritado.

—¡Max! ¡Detrás de ti!

—No, Ada, no me la vas a volver a colar. Miro atrás y me das una colleja, te conozco.

—Que no, Max, ¡que ahí está Mórtimer! Mírala, sentada cual esfinge.

—Qué gata más tontaca, ¡se queda mirando un punto fijo donde no hay nada!

—«Aparentemente» no hay nada —replicó Ada—, yo creo que su visión también es cuántica, que tiene visión de efecto túnel.

—¿Visión a nivel atómico? ¿Microscopios de efecto túnel? —dijo Sigma. Nadie sabía cómo había aparecido en medio de la cocina.

—¡Jolín, Sigma! ¡Menudo susto! —dijo Max dando un brinco—. ¿Qué haces aquí?

—Me apetecía un bocadillo de aguacate, necesitaba mi dosis de ácidos grasos esenciales antes de ponerme a programar.

«Vaya tela», pensó Ada para sus adentros.

—Bueno, Sigma, ya que has aparecido aquí, y en lo que pelas ese aguacate, cuéntanos eso de los microscopios de efecto túnel.

—¿No los conocéis? ¡Os estáis quedando atrás de la ciencia! ¡Corred, corred para atraparla! Yo os daré un empujón.

¡SIGMA TE PONE AL DÍA EN CIENCIA!

El efecto túnel nos ha permitido inventar una máquina capaz de ver aquello adonde nuestros ojos no llegan, la **es~ cala subnanométrica**. Enanométrica no, nanométrica, **capaz de ver cosas que miden nanómetros, es decir, ¡mil millones de veces más pequeñas que un metro!** Eso tú no lo ves ni con las gafas de culo de vaso de tu primo. **Necesitas un microscopio de efecto túnel.**

Ojo al dato friki

El microscopio de efecto túnel fue desarrollado en Alemania en 1981 y es tan alucinante que a sus inventores, Gerd Binnig y Heinrich Rohrer, les dieron el Premio Nobel de Física en 1986.

Con este microscopio podemos llegar a ver los átomos individuales dentro de los materiales. ¿Qué átomos te gustaría ver? ¿Los que hay en un helado de chocolate? ¿En el pelo engominado de Justin Bieber? ¿En las 23 medallas de oro de Michael Phelps? Porque podemos verlos todos.

Imaginaos, en una sola gota de nuestra sangre caben, entre otros muchos elementos, millones de glóbulos rojos, que no son más que las células de nuestro cuerpo que transportan el oxígeno. La membrana que rodea y define a un glóbulo rojo está formada, principalmente, por millones de moléculas llamadas lípidos, y con el microscopio de efecto túnel somos capaces de verlos. Esto sí que son unas buenas gafas para ver la realidad.

¡Experimento High Cost! 

¿Ya estás decidido a construirte **un microscopio de efecto túnel en tu DORMITORIO**? Pues no se hable más. Te contamos cómo hacerlo.

Elementos que necesitas (no los venden en el súper de al lado de casa, vas a tener que buscar con ahínco):

- Una punta muy fina y conductora de energía, por ejemplo de wolframio.
- Un tubo piezoeléctrico con electrodos.
- Una unidad escaneadora.
- Un procesador de datos.

En esta técnica se utiliza una punta muy fina y conductora, y se aplica un voltaje entre la punta y la muestra. Cuando la punta se acerca a un nanómetro de la muestra, los electrones de esta fluyen hacia la punta por efecto túnel. La punta va pasando por encima de toda la superficie, muy de cerca, pero sin tocarla. Los electrones que saltan de la muestra a la punta son más numerosos cuanto más cerca esté. Por lo tanto, si dejamos la punta fija y la vamos pasando sobre la muestra, podremos saber qué relieve tiene esta dependiendo de la cantidad de electrones (corriente túnel) que se registre.

¿Te has liado? Mira este dibujo:

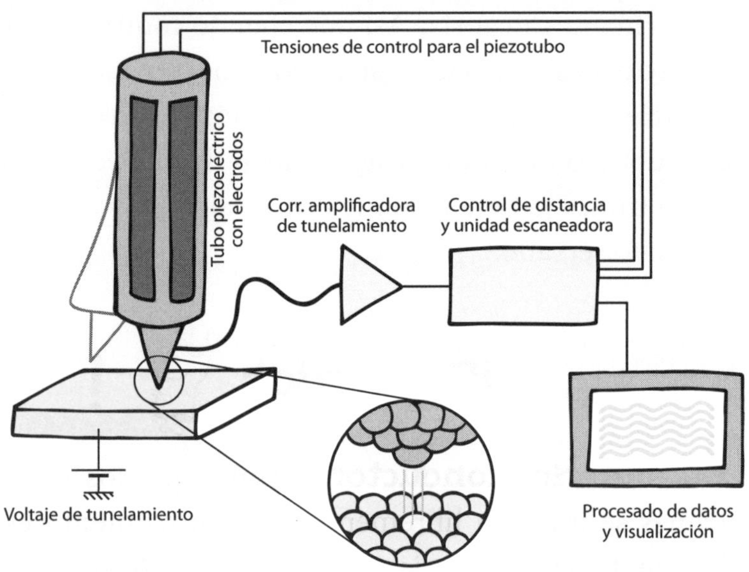

SIGMA LA LÍA PARDA: El efecto túnel en la cocina

—La verdad es que lo del microscopio de efecto túnel tiene guasa —apuntó Ada—. Pero creo que ahora deberíamos centrarnos en arreglar ese microondas.

Max lo tenía claro.

—No sé cómo lo has conseguido, Ada, pero el cable de la electricidad ha quedado totalmente pelado.

—¡YO LO ARREGLO! —gritó Sigma, y se abalanzó sobre el cable pelado de cobre.

—**¡No hagas eso, LOCO!** —gritaron Ada y Max a la vez.

—Tranquilos, pequeños saltamontes. El cobre se oxida muy fácilmente y el óxido de cobre es un aislante eléctrico de primera categoría. Así que cuando toque los hilos de cobre del cable pelado, estaré poniendo en contacto la superficie de mis finos y delicados dedos con la de un cable recubierto de óxido, o sea, aislado de la electricidad. Los electrones lo tienen chungo para saltar del cable a mi cuerpecito serrano...

¡Recuerda!: 

Un **material conductor** permite que los electrones se muevan libremente y ese movimiento es lo que llamamos corriente eléctrica. Un **aislante**, por el contrario, no permite el paso de electrones a través de él.

—Pero qué PESTE a cerduno recocinado, Sigma. ¿Cómo se te ocurre?

—Ada tiene razón —dijo Max—. ¿¿O es que no sabes que **la barrera del óxido de cobre es tan fina que los electrones la saltan por efecto túnel**?? ¡La electricidad pasa a través del óxido y te electrocuta igual!

Sigma estaba realmente descolocado.

—Es alucinante cómo nos afecta la cuántica. Si nuestro mundo cotidiano fuese como el mundo cuántico sería una locura, un caos. ¿Os imagináis un *Prison Break* cuántico?

—No sé, Sigma, eso no tiene mucha lógica... —Max no lo veía nada claro. Ada sí lo tenía claro: había que huir de la cocina antes de que le hicieran limpiarla.

—Vamos a comprarle un poco de comida a Mórtimer, Max, que no aguanto este **olor a hamburguesa re~ quemada**...

MOMENTO SIGMA:

Cuando Max y Ada salieron de la cocina y Sigma se quedó solo, la emoción de un *Prison Break* le embargó, así que se subió en la mesa de la cocina, se aclaró la voz haciendo gárgaras con un poco de agua y comenzó a recitar una oda al efecto túnel:

Si no fuera suficiente
Newton para tus proyectos,
Schrödinger dice cosas
que te dejarán perplejo.
Física cuántica llama
a una ciencia sorprendente
que tiene el efecto túnel
como plato preferente.
Pues si estás preso en la celda
y un día quisieras fugarte
aplica el efecto túnel
¡y lograrás esfumarte!

Mórtimer se había quedado mirando fijamente a Sigma. No entendía nada porque era una gata y, menos mal, porque la oda tenía delito. Pero, pese a no entender nada de lo que decía, Mórtimer estaba convencida de que Sigma era el humano más divinamente inteligente que había conocido nunca.

TEST CUÁNTICO:
¿TIENES PODERES CUÁNTICOS DE EFECTO TÚNEL?

1. Cuando te levantas por la mañana y te miras al espejo:

a. Ves una cara muy chunga.

b. Ves una onda asociada. En ocasiones asociada al lado derecho de la cabeza, que es donde te has apoyado al dormir.

c. No ves nada, todavía no te has puesto las gafas.

2. Para entrar en el cine:

a. Pagas la entrada y a veces las palomitas.

b. Sin saber cómo, te encuentras sentado en la butaca sin haber entrado por la puerta.

c. Te disfrazas de Ewok.

3. Cuando te caes con la bici:

a. Asumes el porrazo, te levantas sacudiéndote y deseando que no te haya visto nadie.

b. Atraviesas la capa superficial de la Tierra y llegas al núcleo terrestre, donde te fusionas con otros elementos.

c. No te pasa nada, llevas rodilleras, coderas, dos cascos y las rueditas de atrás en la bici.

4. Cuando le das un abrazo muy fuerte a un amigo:

a. Te sientes muy bien y casi siempre terminas diciendo «te quiero, imbécil».

b. Termináis fusionados y emitís tanta energía que la tele se enciende sola.

c. No sueles dar abrazos, los ácaros de la ropa de otras personas te dan alergia.

5. Cuando te sientas en la última fila de clase:

a. No ves ni un pimiento de lo que pone en la pizarra, por lo que te pasas el rato jugando al tres en raya con quien tienes sentado al lado.

b. Puedes escanear los átomos de los que está hecho el proyector e incluso llegar a leer la chuleta que el de la primera fila se ha escrito con una aguja en el plástico del boli.

c. ¿Hay última fila?

Mayoría de respuestas A: Lo lamentamos, eres más clásico que la música de Mozart. Toda tu vida se rige por las leyes clásicas de la física, como la del 100 % de individuos que te rodean. No trates de tirarte contra los muros para atravesarlos, solo te ganarás un buen porrazo.

Mayoría de respuestas B: Increíble, perteneces al 0 % de personas con poderes cuánticos de efecto túnel. ¡Cómprate una capa y abre un perfil en Facebook llamado «Hello, it's TÚNEL»! También puede pasarte que vas tan empanado por la vida que no te enteras ni de cómo haces las cosas. En ese caso, comprarte una capa puede ser peligroso, descarta la idea.

Mayoría de respuestas C: A ti lo que te pasa es que eres un pedazo de friki.

EXCUSAS CUÁNTICAS:

La sección «Ya que vas a poner excusas por lo menos que cumplan leyes físicas» presenta...

CUANDO LLEGAS TARDE A CLASE...

«Lo siento, profe, en realidad llevaba sentado en mi mesa desde las 8 h, pero con esto del efecto túnel mi onda de probabilidad me ha llevado a quedarme 20 minutos oscilando entre el patio y el baño hasta que por fin he podido entrar en clase. Prometo tener más cuidado la próxima vez.»

Capítulo 7.
EL GATO DE SCHRÖDINGER

Ada y Max decidieron pasar su último día sin la tía Saturnina, que llegaba esa misma tarde, jugando en la calle. Max estaba cazando Pokémons mientras Ada escribía con tiza la ecuación de Schrödinger por la acera y la carretera de todo el vecindario. Según ella, dibujar corazones y demás tonterías estaba pasado de moda. Ada casi había terminado una obra maestra con el principio de incertidumbre cuando se les cruzó Mórtimer, sigilosa y veloz.

—¡Mira a Mórtimer, Max! ¡Lleva un ratón en la boca!

Max ni levantó la cabeza del móvil.

—Estará muerto.

—¿Cómo lo sabes, si ni lo has mirado? Igual está en una superposición de estados... ¡Vamos a ver qué trama **Mórtimer**!

Max no tenía elección, ni aunque pasara un Pokémon legendario. Lo primero es lo primero. La gata se escurrió entre unos arbustos en dirección a la casa de Sigma. Fueron hacía allí y llamaron a la puerta pero nadie abrió: no había nadie.

Parecía el fin de la misión, pero Ada, que no se daba por vencida fácilmente, vio que la ventana de la cocina no estaba bien cerrada. Fue dando saltos como una gacela y trepó hasta alcanzar la ventana como una auténtica ninja. Se coló en la cocina con una voltereta. Fue gateando hasta la puerta de la cocina y al abrirla se topó de cabeza contra unos zapatos sucios.

—¡Max! ¿Cómo lograste entrar?

—Había una llave debajo del buzón. Tiene un imán, el buzón es de metal y así la tiene oculta y accesible. **Sigma es científico... Era previsible.**

—Vamos a ver dónde se esconde la gata...

Cocina, salón, biblioteca, baños, habitaciones... Cada rincón fue cuidadosamente registrado sin éxito utilizando sonidos como «pspspsps, pspspsps» o «minino, nino, nino». Quedaba un sitio por mirar: el sótano de Sigma, donde hacía sus experimentos.

Bajaron sin hacer ruido y atravesaron la puerta. El laboratorio de Sigma parecía una feria de pueblo, solo faltaba un puesto de nubes de algodón y las carreras de camellos.

Había cinco bancos de experimentos, mesas alargadas y altas, con todo el equipo que un científico podía necesitar, y hasta unas gambas a medio comer. El último banco le sonaba a Ada.

—¡Ajá! El templo cuántico de Sigma. Mira, Max, un interferómetro, un sistema de criogenia y... ¡Guau! **¡Mira qué láser más potente!**

—Se podrán hacer experimentos muy chulos con este equipo, Ada. Mira sus anotaciones —dijo señalando a un amasijo de papeles.

Los «papeles» de Sigma eran de lo más colorido. En un sobre que ponía «Agencia Tributaria» pudieron encontrar toda la teoría del efecto Casimir, una chulada de experimento; había panfletos publicitarios donde Sigma escribía en los márgenes, incluso la servilleta del bar «Vinillos de Montornés» tenía números y ecuaciones por todos los lados. Como pisapapeles había usado un libro de cuántica, más gordo que *El Quijote* y la Biblia juntos.

Ada y Max se sentían como si acabaran de entrar en Disneylandia y estuviera solo para ellos. Pero un «miau» les sacó de su ensoñación. ¡Era Mórtimer!

Estaba en una caja, claro. En una esquina del laboratorio había una caja enorme y dentro Mórtimer maullaba con el ratón a sus pies.

MAX: Puaj, qué asco, hay que tirar ese ratón muerto a la basura.

ADA: ¡Qué dices! ¿Y si intentamos revivirlo? Igual solo está cuánticamente muerto, o igual está en una superposición de estados, o igual en un universo paralelo...

MAX: ¡Ada! ¡No! ¿No recuerdas todo lo que hemos aprendido? No estamos en «el mundo cuántico», el ratón está o vivo o muerto. Y no hay más que mirarlo. Está caput —dijo pasando un dedo por su cuello.

ADA: Aguafiestas. Pero y si...

MAX: No, Ada.

ADA: Y si...

MAX: No, Ada.

ADA: Hacemos...

MAX: No...

ADA: ¡Un gato zombi!

MAX: Mmmm... ¡Molaaaaaaaa!

ADA: Un gato vivo y muerto. Sería un gato zombi. Y eso lo leí en el libro de Sigma, es lo que llaman **el experimento del gato de Schrödinger**.

Ojo al dato friki 

Erwin Schrödinger, o Schrodi, como lo llama Sigma, es uno de los padres de la física cuántica. En un viaje que hizo a Arosa, en Suiza, en la Navidad de 1926, desarrolló la ecuación que se conoce hoy como ecuación de Schrödinger y que describe el funcionamiento básico de la mecánica cuántica. Y esto en un viaje que hizo de relax, a un balneario en Suiza. Imagina cómo tendría que ser este tipo cuando trabajaba de verdad...

Ambos se lanzaron al libro de cuántica y lo abrieron por la mitad. Después de un rato encontraron lo que buscaban:

¡Experimento High Cost!

Materiales:

- Un átomo radiactivo
- Un contador Geiger
- Un sistema electrónico
- Veneno
- Una caja
- Un gato, vivo

Warning cuántico:

Un contador Geiger es un sistema que sirve para contar partículas. En general, permite medir la radiación. Fue diseñado por Hans Geiger (de ahí su nombre) y Ernest Rutherford. Geiger más tarde se unió al partido nazi y trabajó en la construcción de la bomba atómica alemana. Por suerte, Geiger era mejor haciendo contadores que bombas.

Procedimiento:

Coloca el átomo radiactivo junto con el contador Geiger. Conecta el contador con un dispositivo a una trampilla con el veneno. La trampilla debe abrirse, dejando escapar el veneno si el contador ha detectado una partícula. Mete todo dentro de una caja. Introduce el gato en la caja. Cierra la caja.

ADA: Al cerrar la caja no podemos ver o medir lo que pasa dentro. La radiactividad es un proceso cuántico, por lo que la partícula radiactiva, antes de medirla, está en un estado de superposición: ha radiado y no ha radiado, con una probabilidad. El contador Geiger estará también en superposición: ha detectado esa radiación y no la ha detectado, por lo que habrá activado y no habrá activado la trampilla con el veneno. Así que el veneno está dentro y fuera del bote del veneno y el gato habrá y no habrá respirado el veneno. Hasta que no abrimos la caja... ¡el gato está vivo y muerto a la vez!

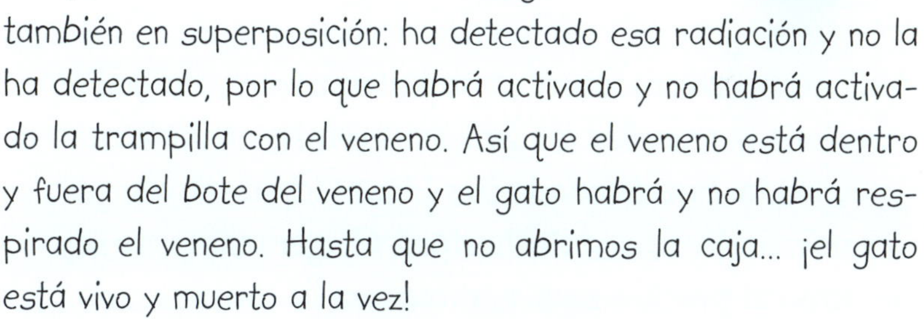

¡Hemos creado un gato zombi!

MAX: Bueno, Ada, no te ilusiones. Hay que conseguir un átomo radiactivo, un contador Geiger y lo que es más difícil: ¡veneno!

ADA: ¿Dónde está tu creatividad? Estamos en el laboratorio de Sigma. Aquí todo es posible.

MAX: Vale, empecemos por los átomos radiactivos. Aquí no hay sales de uranio o plutonio radiactivo.

ADA: ¡Pero sí hay plátanos! Los plátanos tienen potasio 40, que es radiactivo. Con un simple plátano ya tenemos nuestro átomo radiactivo.

MAX: ¿Y el contador Geiger?

ADA: Hay una app que mide la radiación, con nuestro Android. ¡Me la voy a descargar!

MAX: ¡Vamos, no hay quien nos pare! ¿Y el veneno?

ADA: El otro día leí algo sobre esto...
(Ada se quedó pensativa).

MAX: ¡Ay, qué miedo me das!

ADA: ¡Ah, sí! Vinagre y agua oxigenada juntos crean ácido peracético, que es tóxico. Tenemos el gato, la caja... ¡Lo tenemos todo!

- ✓ Plátano
- ✓ Móvil
- ✓ Vinagre
- ✓ Agua oxigenada
- ✓ Gato
- ✓ Trampilla
- ✓ Caja

¡Lo tenían todo! Se sentían Sherlock y Watson, o Pierre y Marie Curie: iban a hacer un experimento revolucionario y tendrían el primer gato zombi del vecindario.

Max se encargó del diseño. Pusieron el plátano junto al móvil en un estuche. La mezcla mortífera en un pequeño recipiente, pero con un agujero en la base tapado con un cordón. El cordón estaría atado al estuche, que estaría puesto haciendo equilibrio sobre un palo pegado en un lateral de la caja. El móvil (en modo avión) vibraría al detectar la radiación del plátano que haría que el estuche cayera tirando fuertemente del cordón que destaponaría

el recipiente con el veneno y este se esparciría por toda la caja. **Un plan... ¡de ingeniero!**

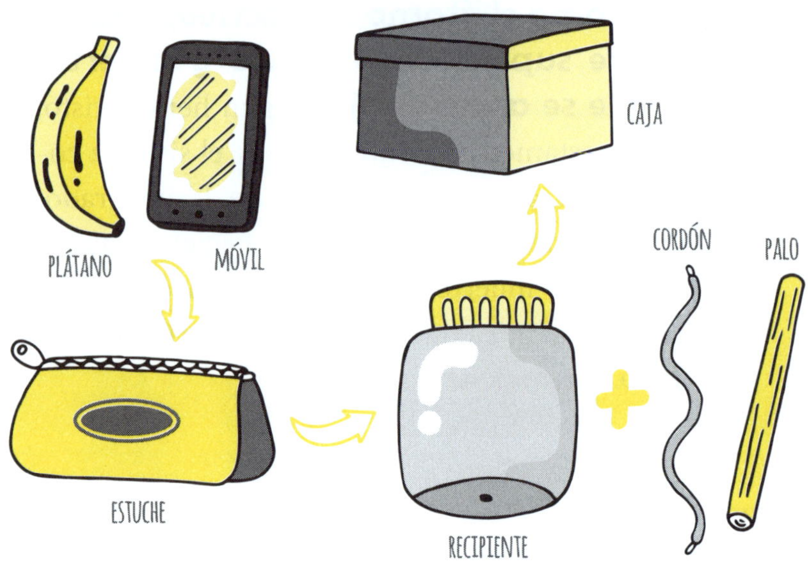

Pusieron el móvil en modo avión, no fuera a ser que alguien llamara y activara el dispositivo. Ajustaron todos los componentes y miraron a Mórtimer. Ada cogió a la gata en brazos, le dio un beso, algo que nunca se habría imaginado hacer, y Max le dio otro. Pusieron a Mórtimer dentro de la caja y la cerraron. Rotularon la caja con un signo de *biological hazard* con un boli, eso siempre mola. ¿Y ahora qué? Pues toca sellarla, nadie puede saber lo que está pasando dentro o romperemos la superposición. ¡A sellar!

Warning cuántico: 

El gato, como el átomo radiactivo, está en estado de superposición, vivo y muerto, hasta que se abre la caja. Según hemos visto, al abrirla la estamos midiendo, así que el sistema colapsa: el átomo radiactivo se habrá o no desintegrado, volcando el veneno o no en la caja y haciendo que el gato esté vivo o muerto. Esto es lo que dice la tradicional teoría cuántica (la interpretación de Copenhague). Pero... ¿esto tiene sentido?

Sigma apareció en el sótano con un albornoz lila, algodones entre los dedos de los pies y una toalla enroscada a la cabeza.

—¡Pero bueno, chavales! ¿Qué hacéis aquí? ¿Qué es lo que se os ha pasado ahora por vuestra masa craneoencefálica?

—**Estamos convirtiendo a Mórtimer en zombi, ¡a que mola!**

—¿Como los de *The Walking Dead*?

—No, zombi en plan guay. Hemos hecho el experimento del gato de Schrödinger, simplemente una superposición de vivo y muerto...

—¿Has dicho superposición? ¿Vivo y muerto? ¿Oigo decoherencia? ¿Murmullos de colapso? ¿Mi gran amigo **Schrodi**?

MOMENTO SIGMA:

Sigma se lanza por el suelo, como cuando los jugadores de fútbol celebran un gol, se quita la toalla de la cabeza, se saca un peine del bolsillo, se ajusta el tupé, se levanta de un salto y anuncia:

—¡El experimento del gato de Schrödinger es lo que se llama un *gedankenexperiment*!

—Que se te entienda, Sigma.

—¡¡Un experimento mental!! Es así porque nunca nadie lo ha hecho, y espero que nadie lo haga. Este experimento solo existe en nuestra mente, solo lo podemos imaginar. **Es irrealizable. Una paradoja.** Sirve para mostrar los problemas de interpretación que tiene la física cuántica. Es decir, para demostrar que no hay alma que entienda esto de la cuántica.

Ojo al dato friki:

¿Y por qué Schrödinger haría algo así? Pues porque Schrödinger odiaba la cuántica. ¡Aunque él mismo había contribuido a crearla! Llegó a decir que lamentaba tener algo que ver con ella. Y eso que le sirvió para ser uno de los científicos más famosos de la historia. ¡Y para ganar un Nobel!

El experimento del gato de Schrödinger es una paradoja porque no tiene solución. La creó Schrödinger para demostrar lo extrañas que son las predicciones de la cuántica, como la superposición, porque, diga lo que diga la teoría cuántica, **¿quién cree que un gato puede estar vivo y muerto a la vez? N~A~D~I~E.**

Si pones un gato en una caja con un átomo radiactivo y veneno, el gato muere **(¡no lo hagáis!)**. Mientras tanto, se sigue investigando en cuántica para entender un poco mejor cómo funciona el mundo cuántico; esta paradoja nos demuestra que aún quedan muchas cosas por saber de nuestro universo. ¡La paradoja del gato de Schrödinger definitivamente no sirve para hacer gatos zombis!

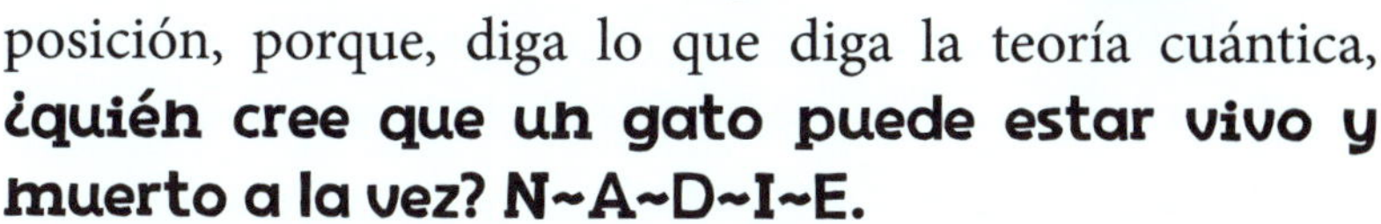

Silencio.

—Esperad un momento, **¿qué habéis dicho que es~ tabais haciendo?**

Silencio.

—¿No será Mórtimer la que está ahí dentro? —dijo señalando la caja.

Ada se había quedado pálida, Max se rascaba la cabeza, Sigma saltaba de un pie al otro, nervioso. En aquel silencio escucharon cómo alguien llamaba a la puerta abierta de la casa, y cómo tras esperar un poco entraba dentro y buscándolos llegaba hasta el sótano. ¡Era la tía Saturnina!

—¡Ay, mis chiquitilines! Por fin os he encontrado. ¿Qué hacéis todos metidos en el laboratorio de Sigma?

—¡Tía!

Los dos se lanzaron a los brazos de la recién llegada.

—Jamás pensé que tuvierais tantas ganas de verme. ¿Lo habéis pasado bien? ¿Habéis cuidado de Sigma? ¿Y de Mórtimer? ¿Dónde está esa gatita adorable?

Max, Ada y Sigma tragaron saliva.

Max, el más valiente de los tres en ese trágico momento, señaló la caja precintada.

—Está en pleno experimento de ciencia —dijo Ada.

—¿Mi gata es un experimento? ¡Hay que abrir esa caja!

Y antes de que Sigma o los niños pudieran advertirla del peligro, tomó un cuchillo y cortó el precinto. Y al abrir la caja...

—¡MIIIIIAAAAUUUUU!

—¡Mórtimer! —gritaron todos.

Mórtimer saltó de la caja y empezó a frotarse con las piernas de Saturnina. Ninguno de los tres experimentadores pudo disimular su alegría. ¡Mórtimer estaba rematadamente viva!

Warning cuántico: 

El problema del observador en la mecánica cuántica es muy divertido en este experimento mental porque parece que hasta que se abra la caja el gato está vivo y muerto a la vez. ¿Tan importante es que alguien lo mire? ¿Existe la realidad si no hay nadie mirándola? Einstein se oponía muy intensamente a esta visión de la realidad cuántica llegando a decir: «Me gusta pensar que la luna está ahí incluso si no la estoy mirando».

Y si ya te quieres volver loco…, esto puede seguir. Si antes de abrir la caja todo está en un estado de superposición, ¿qué pasa si ponemos todo, incluida a la persona que abre la caja, dentro de otra caja mayor? ¿Cuándo colapsa todo, cuándo se abre la caja grande o la pequeña? Esta paradoja se conoce como la paradoja del amigo de Wigner. ¡Podríamos ir poniendo infinitas cajas con infinitos amigos creando infinitas realidades! Es como cuando te miras a un espejo dentro de un espejo… Tu imagen reflejada es infinita.

Esa misma noche, Max le contó a tía Saturnina todo lo que había aprendido de cuántica esos días: la superposición, el efecto túnel, la decoherencia, la teleportación…

Mientras, Saturnina preparaba unas galletas y Sigma jugaba con Mórtimer a intentar que se mordiera su propia cola.

Ada parecía totalmente absorta mirando fijamente a la gata que la había llevado a tirarse de cabeza al mundo de la cuántica y no podía parar de preguntarse: **«Aquí Mórtimer está viva. Pero ¿y si en un universo paralelo...?».**

Espacio reservado para tus ideas científicas

198